해커스
1주 완성
기초회계원리

 해커스금융

▌이 책의 저자

이남호

학 력
단국대학교 회계학과 졸업

강의경력
현 | 한국생산성본부 회계·세무 실무강의

경 력
현 | 해커스금융 온라인 및 오프라인 전임교수

전 | KPMG 삼정회계법인(세무사업본부, Manager)
　　동남회계법인(회계감사)
　　한울회계법인(회계감사)

자격증
한국공인회계사(CPA), 세무사, 미국공인회계사(AICPA)

어렵게만 느껴지는 회계,
회계 초급자는 어떻게 학습해야 할까?

회계 관련 자격증 교재는 많지만, 처음 회계 공부를 시작하는 초급자를 위한 쉬운 책은 없는 것을 보며 고민하였습니다.

회계 관련 자격증 취득을 위해 회계를 공부하는 수험생, 회계 분야 취업준비생, 비재경부서 재직자이지만 회계지식이 필요한 직장인과 같이 회계를 처음 시작하는 분들을 위해 이 책을 출간하였습니다.

『해커스 1주 완성 기초회계원리』는

① **친절하고 상세한 이론설명**으로 어렵게만 느껴졌던 회계원리를 쉽게 이해할 수 있습니다.
② 학습한 이론을 핵심기출문제와 기출분개연습에 적용하며 복습할 수 있습니다.

기초회계원리도 역시 해커스입니다!

『해커스 1주 완성 기초회계원리』와 함께 최단 기간 내 한국채택국제회계기준과 일반기업회계기준에서 공통으로 규정하는 회계원리의 핵심포인트를 체계적으로 습득하실 수 있길 바랍니다.

목차

하루 만에 정리하는 기초회계 핵심노트 [별책부록]

빈출분개 40선
주요 회계공식
계정과목 정리

· 실력확인 기출문제(2회분)(PDF)
· OX퀴즈 30선(PDF)
· 나만의 분개연습장(PDF)

추가 학습자료는 해커스금융(fn.Hackers.com)에서 다운로드하
실 수 있습니다.

기초회계원리
학습방법

1 상세한 이론을 통해 회계원리를 쉽고 확실하게 학습한다!

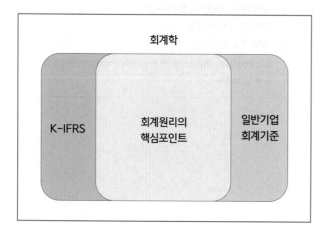

K-IFRS & 일반기업회계기준
한국채택국제회계기준(K-IFRS)과 일반기업회계
기준에서 공통으로 규정하는 회계원리의 핵심포
인트를 빠짐없이 수록하였습니다.

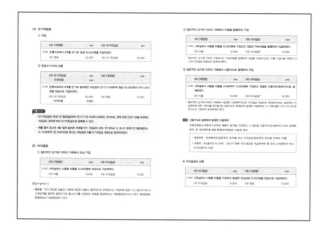

기출포인트
시험에 자주 출제되는 포인트를 확인할 수 있습
니다.

용어 알아두기
생소한 용어를 상세히 설명하여 회계원리를 처음
배우는 학습자도 쉽게 학습할 수 있습니다.

사례
사례를 통해 이론을 보다 쉽게 이해할 수 있습
니다.

2 실제 시험에서 엄선한 문제를 통해 학습한 내용을 점검한다!

공통적으로 출제되는 문제 유형

한국채택국제회계기준(K-IFRS)을 적용하는 시험과 일반기업회계기준을 적용하는 시험을 모두 분석하고, 공통으로 출제되는 문제 유형을 기출분개연습과 핵심기출문제로 수록하여 학습한 내용을 점검할 수 있습니다.

K-IFRS 적용 시험	일반기업회계기준 적용 시험
• 공무원	• 대입수능
• 공인회계사, 세무사	• 전산회계
• 주택관리사	• AT
• 관세사, 감정평가사	• 그 외 취업준비용 실무 자격시험
• 그 외 각종 자격시험	

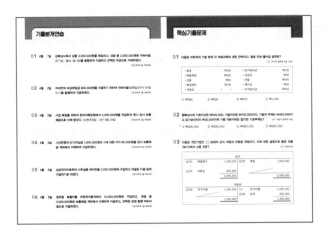

기출분개연습

시험에 자주 출제되는 분개문제를 수록하여 분개문제를 확실히 익힐 수 있습니다.

핵심기출문제

시험에 자주 출제되는 핵심기출문제를 풀어보며 실전에 충분히 대비할 수 있습니다.

3 핵심만 정리한 기초회계 핵심노트로 한 번 더 점검한다!

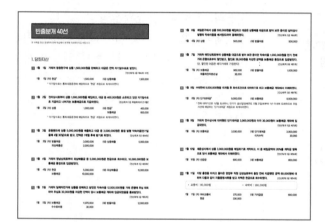

빈출분개 40선
유형별 분개문제를 풀어보면서 회계 문제에서 가장 많은 부분을 차지하는 분개문제를 확실하게 학습할 수 있습니다.

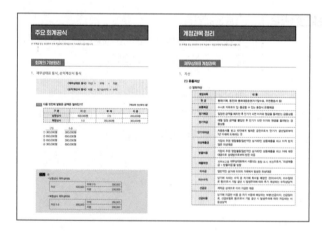

주요 회계공식
헷갈리기 쉽고 까다로운 회계 공식을 사례 문제와 함께 수록하여 더욱 쉽게 이해할 수 있습니다.

계정과목 정리
계정체계별 계정과목을 상세한 설명과 함께 수록하여 회계의 기초가 되는 계정과목을 확실하게 학습할 수 있습니다.

4 | 다양하고 알찬 추가 학습자료로 최종 마무리한다!

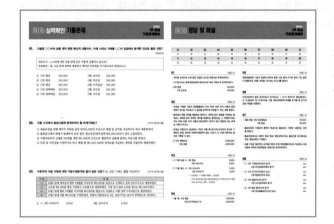

실력확인 기출문제(2회분) PDF
회계원리 관련 시험에서 엄선한 기출문제를 2회
분으로 구성하여 학습한 내용을 점검하고 부족한
부분을 확인하며 기초회계원리를 확실하게 학습
할 수 있습니다.

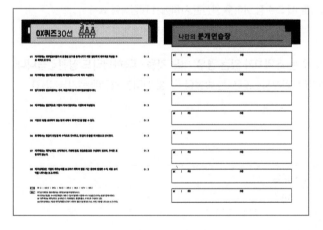

OX퀴즈 30선 PDF
OX퀴즈로 교재에서 학습한 이론을 쉽고 재미있
게 점검할 수 있습니다. 또한, 헷갈리기 쉬운 문제
는 설명과 함께 수록하여 확실하게 이해할 수 있
습니다.

나만의 분개연습장 PDF
(차)-(대)가 표시된 연습장으로 분개문제를 편리
하게 풀 수 있습니다.

알아두면 유용한
계산기 사용법

▌회계원리 학습에 적합한 계산기 선택 방법

1. $+$, $-$, $\times$, $\div$ 만 되는 일반계산기이어야 합니다.
   - 공학용 계산기, 전자사전 등은 공식 저장 기능이 있기 때문에 시험장에서 사용 불가

2. 숫자를 빨리 입력하다 보면 일시적으로 두 개의 숫자 버튼이 모두 눌러진 상태가 될 수 있는데, 그러한 경우에도 두 숫자가 모두 순차적으로 입력이 되는 계산기이어야 합니다.
   - (테스트 방법) ① → ② → ③ → ④ → ⑤
     ① 숫자 1을 누름
     ② 숫자 1을 누른 상태에서, 숫자 2를 누름
     ③ 숫자 1과 숫자 2를 모두 누른 상태에서, 숫자 1에서 손가락을 뗌
     ④ 숫자 2만 누른 상태에서, 다시 숫자 1을 누름
     ⑤ 숫자 2와 숫자 1을 모두 누른 상태에서, 숫자 2에서 손가락을 뗌
   - (테스트 결과) 화면에 1 2 1이 표시되는지 확인

▌계산기 설정 방법

1. 계산기에 'F', 'CUT', '5/4' 등의 기호가 표시되어 있는 스위치가 있는 경우 'F'를 선택합니다.

F (Full)	계산 결과 금액을 표시할 때 소수점 이하를 모두 표시
CUT	계산 결과 금액을 표시할 때 소수점 이하를 일정한 자리에서 내림하여 표시
5/4	계산 결과 금액을 표시할 때 소수점 이하를 일정한 자리에서 반올림하여 표시

2. 계산기에 '4', '3', '2', '1', '0' 등의 기호가 표시되어 있는 스위치가 있는 경우, 어느 것을 선택하더라도 상관없습니다.
   예 '4' : 'CUT' 또는 '5/4'를 선택했을 때 소수점 4번째 자리에서 내림 또는 반올림 ('F'를 선택한 경우에는 기능 없음)

▌알아두면 유용한 계산기 기능

1. M+, M-, MR, MC

M+ (Memory Plus)	계산한 금액을 더하면서 저장함
M- (Memory Minus)	계산한 금액을 빼면서 저장함
MR (Memory Result)	저장된 금액을 불러옴
MC (Memory Clear)	저장된 금액을 지움

[사례] $(2 \times 3) + (2 \times 2) = 10$

순서	①	②	③	④*	⑤	⑥	⑦	⑧	⑨*	⑩	⑪
입력	2	×	3	=	M+	2	×	2	=	M+	MR
결과				6	6				4	4	10

* 생략 가능

2. GT , C , AC

GT (Grand Total)	= 를 눌러서 나온 금액들을 모두 합한 금액을 불러옴
C (Clear)	GT 금액은 지우지 않고, 방금 전에 계산한 금액만 지움
AC (All Clear)	방금 전에 계산한 금액과 GT 금액을 모두 지움

[사례] (2 × 3) + (2 × 2) = 10

순서	①	②	③	④	⑤*	⑥	⑦	⑧	⑨	⑩
입력	2	×	3	=	C	2	×	2	=	GT
결과				6	0				4	10

* 생략 가능

3. A + + B : B에서 출발하여 A만큼씩 계속 더하기

[사례] 3에서 출발하여 2씩 더하기

순서	①	②	③	④	⑤	⑥	⑦	⑧	⑨	⑩
입력	2	+	+	3	=	=	=	=	=	=
결과			K	K	5	7	9	11	13	…

4. A − − B : B에서 출발하여 A만큼씩 계속 빼기

[사례] 15에서 출발하여 2씩 계속 빼기

순서	①	②	③	④	⑤	⑥	⑦	⑧	⑨	⑩
입력	2	−	−	15	=	=	=	=	=	=
결과			K	K	13	11	9	7	5	…

5. A × × B : B에서 출발하여 A만큼씩 계속 곱하기

[사례] 3에서 출발하여 2씩 계속 곱하기

순서	①	②	③	④	⑤	⑥	⑦	⑧	⑨	⑩
입력	2	×	×	3	=	=	=	=	=	=
결과			K	K	6	12	24	48	96	…

6. A ÷ ÷ B : B에서 출발하여 A만큼씩 계속 나누기

[사례] 192에서 출발하여 2씩 나누기

순서	①	②	③	④	⑤	⑥	⑦	⑧	⑨	⑩
입력	2	÷	÷	192	=	=	=	=	=	=
결과			K	K	96	48	24	12	6	…

기초회계원리 학습플랜

1주 완성 학습플랜

1일 __월 __일	제1장	**제1절** 회계의 기본개념 ~ **제2절** 재무상태표와 손익계산서	16~37p
2일 __월 __일	제1장	**제3절** 거래의 기록 ~ **제4절** 회계의 순환과정	38~61p
3일 __월 __일	제2장	**제1절** 당좌자산	64~85p
4일 __월 __일	제2장	**제2절** 재고자산	86~109p
5일 __월 __일	제2장	**제3절** 비유동자산	110~131p
6일 __월 __일	제2장	**제4절** 부채 ~ **제5절** 자본	132~159p
7일 __월 __일	제2장	**제6절** 수익과 비용 ~ **제7절** 기말수정분개	160~207p

* 별책부록으로 제공되는 '핵심노트'는 제2장 계정과목별 회계처리를 학습한 이후부터 수시로 보며 반복 학습하시기 바랍니다.

10일 완성 학습플랜

1일 __ 월 __ 일	제1장	**제1절** 회계의 기본개념 ~ **제2절** 재무상태표와 손익계산서	16~37p
2일 __ 월 __ 일	제1장	**제3절** 거래의 기록	38~47p
3일 __ 월 __ 일	제1장	**제4절** 회계의 순환과정	48~61p
4일 __ 월 __ 일	제2장	**제1절** 당좌자산	64~85p
5일 __ 월 __ 일	제2장	**제2절** 재고자산	86~109p
6일 __ 월 __ 일	제2장	**제3절** 비유동자산	110~131p
7일 __ 월 __ 일	제2장	**제4절** 부채	132~147p
8일 __ 월 __ 일	제2장	**제5절** 자본	148~159p
9일 __ 월 __ 일	제2장	**제6절** 수익과 비용	160~185p
10일 __ 월 __ 일	제2장	**제7절** 기말수정분개	186~207p

* 별책부록으로 제공되는 '핵심노트'는 제2장 계정과목별 회계처리를 학습한 이후부터 수시로 보며 반복 학습하시기 바랍니다.

제 1 장

회계의 기본원리

제1절 회계의 기본개념

01 회계의 정의

회계(Accounting)란 회계정보이용자가 합리적인 판단과 의사결정을 할 수 있도록 기업의 경제적 활동에 관한 유용한 정보를 식별, 측정, 기록하여 전달하는 과정을 말한다.

02 회계의 목적

회계의 목적은 회계정보이용자에게 경제적 의사결정에 유용한 정보를 제공하는 것이다.

경제규모가 커짐에 따라 기업에 대한 소유와 경영이 분리되었고, 기업의 경영진이 해당 기업에 투자한 투자자(주주)를 대신하여 기업을 경영하게 되었다. 따라서 이에 대한 결과를 보고하는 과정 즉, 회계의 필요성이 커지게 되었다.

03 회계정보이용자

회계정보이용자는 해당 기업의 재무상태와 경영성과에 관심을 갖고 있는 다양한 이해관계자들을 말한다.

회계정보이용자는 기업을 중심으로 내부정보이용자와 외부정보이용자로 나눌 수 있으며, 이들이 회계정보를 필요로 하는 이유는 다음과 같다.

(1) 내부정보이용자

경영자	기업의 재무상태와 경영실적을 파악하고 사업계획을 수립하기 위하여 정보를 필요로 한다.
종업원	고용주인 기업이 자신의 보수나 퇴직금을 지급할 능력이 있는지를 평가하기 위하여 기업의 수익성과 안정성에 관한 정보를 필요로 한다.

(2) 외부정보이용자

투자자 (주주)	투자수익성과 투자위험도를 평가하기 위하여 기업의 가치나 배당능력 및 지속가능성에 관한 정보를 필요로 한다.
채권자 (은행)	기업이 원금과 이자를 지급할 능력이 있는지를 평가하기 위하여 영업실적이나 재무상태에 관한 정보를 필요로 한다.
거래처	기업이 지급기일 내에 물품대금을 지급할 능력이 있는지를 평가하기 위하여 정보를 필요로 한다.
과세기관	과세표준과 납부세액을 결정하거나 확인하기 위하여 기업의 재무적 정보를 필요로 한다.
잠재적 투자자 (일반대중)	자신의 투자의사결정을 위하여 기업의 현황과 성장추세에 관한 정보에 관심을 갖는다.

04 회계의 종류

회계는 주된 정보이용자가 누구인지에 따라 크게 재무회계(Financial Accounting)와 원가회계(관리회계 또는 원가관리회계라고도 함, Cost and Management Accounting)로 분류된다. 재무회계는 외부정보이용자를, 원가회계는 내부정보이용자를 주된 정보이용자로 하는 회계이다.

구 분	재무회계	원가회계
정보이용자	외부정보이용자(주주, 채권자)	내부정보이용자(경영자)
목 적	외부정보이용자의 공통된 요구를 충족시키기 위한 일반목적 **재무제표**(Financial Statements) 작성을 주요 목적으로 함	경영자의 영업활동에 필요한 재무정보를 산출하고 이를 분석하는 것을 주요 목적으로 함
정보전달수단	재무제표	특수목적 보고서
작성원칙	**일반적으로 인정된 회계원칙** (GAAP : Generally Accepted Accounting Principles)에 따라 작성	특별한 기준이나 일정한 원칙에 구애받지 않고 작성

이 책에서는 재무회계의 입문단계인 동시에, 모든 회계 영역의 근간이라 할 수 있는 회계원리 내용을 학습하게 된다.

05 기업실체와 회계단위

회계에서는 기업을 소유주와 분리되어 독립적으로 존재하는 회계단위로 보아 **기업실체**(Business Entity) 라고 부른다.

예를 들어 기업의 지분 전액을 한 사람이 보유하고 있는 경우라 하더라도 기업은 소유주와 분리된 별도의 회계단위(기업실체)로 인정되므로, 회계 처리의 주체는 기업이며 재무제표는 기업의 관점에서 작성되어야 한다.

기업의 경영활동을 기록·계산하기 위한 장소적 범위를 **회계단위**라고 한다.

일반적으로 하나의 기업이 하나의 회계단위가 된다.

06 계속기업

재무제표는 일반적으로 기업이 계속기업(Going Concern)이며 예상 가능한 기간 동안 영업을 계속할 것이라는 가정하에 작성된다.

계속기업이라는 가정은 제2장에서 학습하게 될 여러 가지 회계처리에 대하여 이론적인 근거를 제공한다.

07 회계기간

기업의 경영활동은 사업을 개시하는 날부터 계속적으로 이루어지므로 경영성과를 파악하기 위해서는 인위적으로 6개월 또는 1년 등으로 구분하여 기간적 범위를 설정하여야 하는데, 이를 **회계기간** 또는 **회계연도**라고 한다.

기업은 1년을 초과하지 않는 범위 내에서 회계기간을 정할 수 있다. 실무에서는 회계기간을 1월 1일부터 12월 31일까지로 하는 경우가 많으며 이러한 기업을 12월 말 결산기업이라고 부른다.

참고 회계기간(회계연도) 관련 용어 정리
(회계기간이 1월 1일부터 12월 31일까지인 경우)

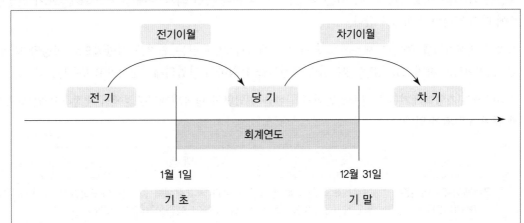

- 기초 : 회계연도가 시작되는 날
- 기말 : 회계연도가 끝나는 날 (= 회계연도 말 = 보고기간 종료일 = 결산일 = 재무상태표일)
- 전기 : 앞 회계연도
- 당기 : 현재 회계연도
- 차기 : 다음 회계연도
- 이월 : 다음 회계연도로 넘기는 것
- 전기이월 : 전기 기말에서 당기 기초로 넘어오는 것
- 차기이월 : 당기 기말에서 차기 기초로 넘어가는 것

08 발생주의

수익과 비용을 인식하는 시점을 언제로 볼 것인지에 대한 기준으로 현금기준과 발생기준이 있을 수 있는데, 회계에서는 이 중 발생기준에 따른다.

현금기준 (현금주의, Cash basis)	현금이 유입될 때 수익으로 인식하고, 현금이 유출될 때 비용으로 인식한다.
발생기준 (발생주의, Accrual basis)	현금의 수수에 관계없이 거래나 사건이 발생한 시점에 수익·비용을 인식한다.

09 기업회계기준

다양한 외부정보이용자에게 제공되는 회계정보가 유용한 것이 되기 위해서는 그 회계정보가 일정한 기준에 따라 작성된 것이어야 한다.

기업이 회계처리를 하거나 재무제표를 작성할 때 기준으로 삼는 원칙을 일반적으로 인정된 회계원칙(GAAP)이라고 하며, GAAP을 성문화한 규정들을 통칭하여 기업회계기준이라고 부른다.

우리나라의 기업회계기준은 금융위원회의 권한을 위임받아 한국회계기준원에서 제정하고 있으며, 다음과 같이 구성되어 있다.

구 분	내 용
한국채택국제회계기준 (K-IFRS)[1]	재무제표의 국제적 통일성 향상과 국가경쟁력 강화를 도모하고자, 국제회계기준위원회가 공표하는 회계기준에 맞추어 제정한 새로운 회계기준
일반기업회계기준	K-IFRS에 따라 회계처리하지 아니하는 기업을 위하여 종전의 기업회계기준을 수정·보완하여 제정한 편람식 회계기준
중소기업회계기준[2]	중소기업이 회계처리를 단순화할 수 있도록 제정한 회계기준

[1] K-IFRS : Korean-International Financial Reporting Standards

[2] 중소기업회계기준은 일반기업회계기준 중에서 중소기업에 허용되는 특례들만 모아 놓은 규정집으로서, 일반기업회계기준의 일부로 볼 수 있음

우리나라 기업이 선택할 수 있는 기업회계기준은 다음과 같이 요약할 수 있다.

구 분		K-IFRS	일반기업회계기준	중소기업회계기준
외부감사대상 기업[1]	상장기업[2]	○		
	비상장기업	○	○	
외부감사대상이 아닌 기업		○	○	○

[1] 외부감사대상 : '주식회사의 외부감사에 관한 법률'에서 정하는 일정 규모([예] 직전 사업연도 말의 자산총액 120억 원) 이상의 기업

[2] 상장기업이란 증권거래소나 코스닥 등의 유가증권 시장에 등록되어 주식이 거래되고 있는 기업을 말하며, 상장기업은 반드시 K-IFRS를 적용하여야 함

이 책에서는 K-IFRS와 일반기업회계기준(중소기업회계기준 포함)에서 공통으로 규정하고 있는 회계원리 내용과 알아두어야 할 양 기준 간의 용어 차이를 학습하게 된다.

10 재무제표

재무제표란 주주, 은행, 거래처, 과세기관 등 다수의 외부정보이용자에게 기업에 관한 유용한 회계정보를 전달하기 위하여, 기업회계기준에 따라 일정한 양식으로 작성하는 보고서를 말한다.

재무제표를 작성할 책임은 일차적으로 경영자에게 있으며, K-IFRS 및 일반기업회계기준에 따르면 재무제표의 종류는 다음과 같다.

재무상태표	일정 시점 현재 기업의 재무상태(자산, 부채, 자본)를 나타내는 보고서
손익계산서[1]	일정 기간 동안의 기업의 경영성과(수익, 비용)를 나타내는 보고서
자본변동표	기업의 자본에 관하여 일정 시점 현재 크기와 일정 기간 동안의 변동 내역을 나타내는 보고서
현금흐름표	기업의 현금에 관하여 일정 시점 현재 크기와 일정 기간 동안의 변동(유입, 유출) 내역을 나타내는 보고서
주 석	재무제표상의 과목 또는 금액에 기호를 붙여 해당 항목에 대한 추가적인 정보를 나타내는 별지

[1] K-IFRS에서는 '포괄손익계산서'라는 용어를 사용함

기출포인트

- 주석은 재무제표 뒷부분에 있는 별지를 말한다. 여기에는 재무제표상의 과목 또는 금액 중 기호가 표시된 항목들에 대한 세부내역이 기재된다. 이뿐만 아니라 기업이 적용한 기업회계기준(K-IFRS or 일반기업회계기준), 금액으로 표시되지 않은 소송사건 등과 같이 재무제표를 이해하는 데 필요한 여러 정보가 기재되므로 주석은 재무제표에 포함된다.

- 주기는 재무제표상의 과목 다음에 간단한 단어나 금액을 괄호 안에 표시하는 것을 말한다. 주기는 단순히 부연설명 역할만 하는 것이므로 재무제표에 포함되지 않는다.

- 이익잉여금처분계산서(결손금처리계산서)는 재무제표에 포함되지 않는다. 다만 상법 등 관련 법규에서 요구하는 경우에는 주석에 포함하여 공시할 수 있다.

01 다음은 회계의 분류에 대한 수업 내용이다. (가)에 해당하는 회계의 종류로 가장 적절한 것은?

[18' 대입수능]

학습목표 : 회계 정보 이용자의 이용 목적에 따른 회계의 종류를 구분하여 설명할 수 있다.

1. ┌─(가)─┐
   • 주된 보고 대상 : 투자자, 채권자와 같은 기업의 외부 회계 정보 이용자
   • 보고 기준과 형식 : 기업회계기준에 따름
   • 보고 양식 : 재무제표 및 부속 명세서

---

① 관리회계 ② 세무회계 ③ 재무회계
④ 원가회계 ⑤ 비영리회계

02 「한국채택국제회계기준」에 의한 재무제표의 종류가 아닌 것은? [12' 국가직 공무원 9급]

① 재무상태표 ② 포괄손익계산서
③ 현금흐름표 ④ 사업보고서

03 다음 뉴스 내용에 나타난 회계 정보를 파악하기 위해 필요한 재무제표로 적절한 것을 〈보기〉에서 고른 것은? (단, 일반기업회계기준을 적용한다) [17' 대입수능]

> 아나운서 : ○○건설주식회사는 건설 경기 호조에 힘입어 20x1년 결산 결과 전년 대비 영업이익이 약 60% 증가하였으며, 또한 영업활동으로 인한 현금흐름도 전년 대비 약 70억 원 증가하였습니다.

―――――――――――――――――― 〈보기〉 ――――――――――――――――――
ㄱ. 자동변동표   ㄴ. 손익계산서   ㄷ. 재무상태표   ㄹ. 현금흐름표

① ㄱ, ㄴ   ② ㄱ, ㄷ   ③ ㄴ, ㄷ
④ ㄴ, ㄹ   ⑤ ㄷ, ㄹ

정답 및 해설

01 ③ · 회계는 주된 정보이용자가 누구인지에 따라 크게 재무회계와 원가회계로 분류된다. 재무회계는 외부정보이용자(예) 주주, 채권자)를, 원가회계는 내부정보이용자(예) 경영자)를 주된 정보이용자로 하는 회계이다.
　　　· 재무회계는 일반적으로 인정된 회계원칙(GAAP)에 따라 작성된 재무제표를 통하여 정보를 전달한다.

02 ④ K-IFRS 및 일반기업회계기준에 의한 재무제표의 종류 : 재무상태표, (포괄)손익계산서, 자본변동표, 현금흐름표, 주석

03 ④ · 손익계산서란 일정 기간 동안의 기업의 경영성과(수익, 비용)를 나타내는 보고서를 말한다.
　　　· 현금흐름표란 기업의 현금에 관하여 일정 시점 현재 크기와 일정 기간 동안의 변동(유입, 유출) 내역을 나타내는 보고서를 말한다.

01 재무상태표

(1) 재무상태표의 정의

재무상태표(Statement of Financial Position)는 기업의 **재무상태**를 보고하기 위하여 **일정 시점** 현재의 자산, 부채, 자본을 나타내는 보고서이다. 재무상태표의 종전 명칭은 대차대조표(Balance Sheet, B/S)였으나 국제회계기준의 도입에 따라 명칭이 바뀌게 되었다.

(2) 재무상태표의 구성요소

① 자산

자산(Asset)이란 기업이 소유하고 있는 재화나 채권(받을 돈)으로서 금전적 가치(미래의 경제적 효익)가 있는 것을 말하며, 이를 **총자산**이라고도 한다.

② 부채

부채(Liability)란 기업이 장차 타인에게 지급해야 할 채무(줄 돈)로서 미래 경제적 효익의 희생이 있는 것을 말하며, 이를 **타인자본**이라고도 한다.

③ 자본

자본(Equity)이란 기업이 소유하고 있는 자산총액에서 타인에게 지급해야 할 부채총액을 차감한 잔액을 말하며, 이를 **순자산** 또는 **자기자본**이라고도 한다. 그리고 이와 같은 관계를 '자본 등식'이라고 한다.

자산	–	부채	=	자본

자본은 기업에 대한 소유주(주주)의 청구권이라고 이해할 수 있으며, 기업을 청산하는 경우에 부채를 먼저 상환한 다음 남은 잔액을 소유주에게 반환한다 하여 자본을 **잔여지분**이라고도 부른다.

(3) 재무상태표 등식

기업이 5억 원의 건물을 구입했는데 구입대금 5억 원 중 3억 원은 기업의 자금으로 지급하였으나 2억 원은 은행에서 빌려서 지급한 것이라고 할 때, 이를 해당 일정 시점(예 20x1년 1월 1일) 현재의 재무상태표로 나타내면 다음과 같다.

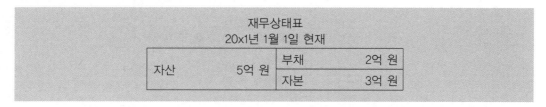

재무상태표는 기업의 재산, 즉 자산은 타인의 몫인 부채(타인자본)와 소유주의 몫인 자본(자기자본)으로 이루어져 있다는 것을 나타낸다. 자산을 왼쪽에 기재하고 부채와 자본을 오른쪽에 기재하여 왼쪽의 자산 총계는 오른쪽의 부채 및 자본 총계와 일치하는데, 이를 '재무상태표 등식'이라고 한다.

$$\text{자산} \quad = \quad \text{부채} \quad + \quad \text{자본}$$

재무상태표를 자금 측면에서 해석하면, 재무상태표의 오른쪽은 기업이 자금을 어떻게 조달하였는가 하는 자금조달정보를 나타내고 왼쪽은 조달된 자금을 어디에 사용하였는가 하는 자금운용정보를 나타낸다.

사례에서, 기업은 자금을 부채(타인자본)로 2억 원, 자본(자기자본)으로 3억 원 조달하여, 건물의 취득에 5억 원을 사용한 것으로 볼 수 있다.

02 손익계산서

(1) 손익계산서의 정의

손익계산서(Income Statement, I/S)는 기업의 **경영성과**를 보고하기 위하여 **일정 기간** 동안에 일어난 거래나 사건을 통해 발생한 수익, 비용, 순이익(순손실)을 나타내는 보고서이다.

(2) 손익계산서의 구성요소

① **수익**

수익(Revenue)이란 기업이 경영활동의 결과로 획득한 금액을 말한다.

② **비용**

비용(Expense)이란 기업이 경영활동 과정에서 수익을 얻기 위해 지출하거나 사용한 것을 말한다.

(3) 손익계산서 등식

기업이 상품을 2억 원에 구입하여 고객에게 3억 원에 판매하였다면 1억 원의 순이익을 남긴 것이다. 이를 해당 일정 기간(예 20x1년 1월 1일부터 12월 31까지) 동안의 손익계산서로 나타내면 다음과 같다.

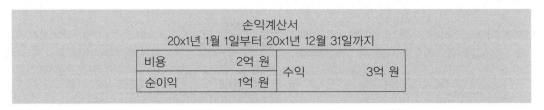

손익계산서는 일정 기간 동안의 경영성과인 순이익(또는 순손실)은 해당 기간의 수익총액에서 비용총액을 차감한 잔액이라는 것을 나타낸다. 비용과 순이익(순손실인 경우에는 음수로 표시)을 왼쪽에 기재하고 수익을 오른쪽에 기재하여 왼쪽의 총계는 오른쪽의 총계와 일치하는데, 이를 '손익계산서 등식'이라고 한다.

$$비용 \quad + \quad 순이익 \quad = \quad 수익$$

03 재무상태표와 손익계산서의 관계

(1) 재무상태표와 손익계산서의 관계 요약

재무상태표의 기초 자본 + 손익계산서의 당기순이익 = 재무상태표의 기말 자본

손익계산서 구성요소인 수익과 비용은 당기(이번 회계기간) 동안의 경영성과를 나타내는 것이므로, 당기 손익계산서의 구성요소는 차기로 이월되지 않는다.

재무상태표 구성요소인 자산, 부채, 자본은 경영활동의 결과로 일정 시점까지 누적된 재무상태를 나타내는 것이므로, 당기 기말 재무상태표의 구성요소는 차기 기초로 이월된다.

(2) 재무상태표와 손익계산서의 작성 사례

㈜서울상사는 도·소매업을 영위하는 법인기업이다. 제1기 회계연도인 20x1년 1월 1일부터 12월 31일 사이에 다음과 같은 거래가 발생했을 때 기초(사업 개시 시점) 재무상태표, 기말 재무상태표, 당기 손익계산서를 작성하여 보자.

- 20x1년 1월 1일 액면금액 1,000,000원의 주식을 발행하고 동 금액을 주주로부터 현금 출자받아 사업을 개시하였다.
- 20x1년 1월 1일 사업 개시 시점에 은행에서 현금 500,000원을 빌려왔다.
- 20x1년 1월 8일 공급처로부터 상품 600,000원을 현금을 주고 사와서(상품매출원가), 1월 20일 고객에게 이 상품을 현금 1,000,000원에 판매하였다(상품매출).
- 20x1년 1월 31일 종업원에게 급여 100,000원을 현금으로 지급하였다(급여).

[풀이] ① 20x1년 1월 1일 재무상태표

재무상태표

㈜서울상사	20x1년 1월 1일 현재		(단위 : 원)
자산		**부채**	
현금	1,500,000	차입금	500,000
		자본	
		자본금	1,000,000
	1,500,000		1,500,000

② 20x1년 1월 1일부터 20x1년 12월 31일까지 손익계산서

손익계산서

㈜서울상사	20x1년 1월 1일부터 20x1년 12월 31일까지		(단위 : 원)
비용		**수익**	
상품매출원가	600,000	상품매출	1,000,000
급여	100,000		
당기순이익			
당기순이익	300,000		
	1,000,000		1,000,000

③ 20x1년 12월 31일 재무상태표

재무상태표

㈜서울상사	20x1년 12월 31일 현재		(단위 : 원)
자산		**부채**	
현금	1,800,000	차입금	500,000
		자본	
		자본금	1,000,000
		이익잉여금	300,000
	1,800,000		1,800,000

④ 재무상태표와 손익계산서의 관계

㈜서울상사의 제1기 회계연도를 사례로 재무상태표와 손익계산서의 관계를 그림으로 살펴보면 다음과
같다.

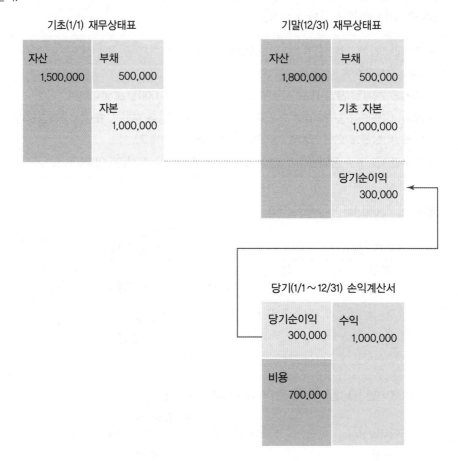

㈜서울상사는 제1기 기초(사업 개시) 시점인 20x1년 1월 1일에 자본총액 1,000,000원으로 시작하
여, 당기(제1기) 동안 순이익 300,000원의 경영성과를 달성하였다.

그 결과 제1기 기말 시점인 20x1년 12월 31일 현재 자산 항목인 현금은 기초보다 300,000원 증가
한 1,800,000원이 되었고, 기말 자본은 기초 자본에서 당기순이익을 합한 1,300,000원이 되었다.

04 재무상태표의 작성

(1) 재무상태표의 기본구조

	재무상태표	
xx기업	20x1년 12월 31일 현재	

자산	부채
유동자산	유동부채
당좌자산	비유동부채
재고자산	
	자본
비유동자산	자본금[1]
투자자산	자본잉여금
유형자산	자본조정
무형자산	기타포괄손익누계액
기타비유동자산	이익잉여금

[1] 법인기업은 자본을 자본금, 자본잉여금, 자본조정, 기타포괄손익누계액, 이익잉여금으로 구분하여 표시한다. 이와 달리, 개인기업은 자본을 자본금으로만 표시한다.

> **참고** K-IFRS에 따른 자산과 부채의 구분 표시
>
> K-IFRS에서는 구체적인 재무상태표의 형식을 제시하지 않고 구분 표시되어야 하는 최소한의 항목을 사례로만 제시하고 있다.
>
> 따라서 K-IFRS에 따라 재무상태표를 작성하는 기업은 자산과 부채를 각각 유동과 비유동으로 나눈 다음, 해당 기업의 상황에 맞게 구분하여 표시할 수 있다.

(2) 재무상태표의 작성기준

구분표시	• 자산, 부채, 자본 중 중요한 항목에 대해서는 별도 항목으로 구분 표시하여야 한다.
총액주의	• 자산, 부채, 자본은 총액으로 기재함을 원칙으로 한다. 자산 항목과 부채·자본 항목을 상계함으로써 그 전부 또는 일부를 재무상태표에서 제외하여서는 안 된다.
1년 기준	• 자산과 부채는 '보고기간 종료일로부터 1년'을 기준으로 각각 유동과 비유동으로 구분한다. 다만, '보고기간 종료일로부터 1년'을 초과하더라도 '정상적인 1영업주기' 이내인 경우에는 유동으로 분류할 수 있다. • 정상영업주기란 영업활동을 위하여 자산을 취득하는 시점부터 그 자산을 외부로 팔고 판매대금을 회수하는 시점까지 소요되는 기간을 말한다. 정상영업주기를 명확하게 식별할 수 없는 경우에는 이를 1년으로 추정한다.

유동성 배열법	• 자산과 부채는 유동성이 높은 계정(현금화하기 쉬운 계정)부터 배열한다. • 일반기업회계기준에서는 유동성 배열법에 근거하여 자산을 '당좌자산, 재고자산, 투자자산, 유형자산, 무형자산, 기타비유동자산'의 순서로 배열한다. • K-IFRS에서는 유동성 배열법을 선택사항으로 규정하고 있다.
잉여금의 구분	• 법인 기업의 자본 항목 중 잉여금은 자본거래에서 발생한 자본잉여금과 손익거래에서 발생한 이익잉여금으로 구분하여 표시한다.
미결산항목 표시금지	• 가지급금, 가수금 등과 같은 미결산항목이 있는 경우에는 동 항목이 재무상태표상 자산·부채 항목으로 표시되지 않도록 그 내용을 나타내는 적절한 계정으로 대체하여야 한다.

05 손익계산서의 작성

(1) 손익계산서의 기본구조

손익계산서의 양식에는 수익과 비용을 차변 및 대변으로 기재하는 방식인 계정식과 수익과 비용을 수직적으로 기재하는 방식인 보고식이 있다. 계정식의 경우 총수익과 총비용의 대조에는 편리하나 매출총이익, 영업이익, 법인세비용차감전순이익을 표시하기 어렵기 때문에, 기업회계기준에서는 손익계산서의 양식으로 보고식만 인정하고 있다.

① 계정식

손익계산서

xx기업   20x1년 1월 1일부터 20x1년 12월 31일까지

비용	수익
매출원가	매출액
판매비와관리비	영업외수익
영업외비용	
법인세비용[1]	
당기순이익	
당기순이익	

[1] 개인기업은 소득세비용으로 표시한다.

② 보고식

손익계산서

xx기업　　　　　　　　　20x1년 1월 1일부터 20x1년 12월 31일까지

I. 매출액
II. 매출원가
III. 매출총이익　　　　　　　(= 매출액 − 매출원가)
IV. 판매비와관리비
V. 영업이익　　　　　　　　(= 매출총이익 − 판매비와관리비)
VI. 영업외수익
VII. 영업외비용
VIII. 법인세비용차감전순이익　(= 영업이익 + 영업외수익 − 영업외비용)
IX. 법인세비용
X. 당기순이익　　　　　　　(= 법인세비용차감전순이익 − 법인세비용)

참고　K-IFRS에 따른 포괄손익계산서

　K-IFRS에서는 일반기업회계기준에 따른 상기 서식에서의 당기순이익 정보와 함께 일정한 정보를 하단에 추가하여 표시하도록 규정하고 있으며, 이에 따라 작성된 서식을 포괄손익계산서라고 부른다.

(2) 손익계산서의 작성기준

발생주의	• 수익과 비용이 그 현금의 유출입이 있는 기간이 아니라 해당 거래나 사건이 발생한 기간에 정당하게 배분되도록 회계처리하여야 한다.
실현주의	• 실현주의란 발생주의를 구현하기 위한 수익 인식의 원칙으로서, "수익은 실현된 기간에 인식하여야 한다."는 원칙을 말한다. • 수익이 실현되는 시점은 "㉠ 수익획득을 위한 노력이 완료되거나 실질적으로 거의 완료되고 ㉡ 금액을 합리적으로 측정할 수 있는 때"를 의미한다. • 예를 들어 상품을 판매하고 한 달 후에 대금을 받는 거래에서, 상품 포장 완료, 주문 수령, 상품 인도, 대금 회수 등 여러 시점 중에서 상품 인도 시점을 수익이 실현되는 시점으로 보아 그 시점에 수익을 인식한다.
수익 · 비용 대응의 원칙	• 수익 · 비용 대응의 원칙이란 발생주의를 구현하기 위한 비용 인식의 원칙으로서, "비용은 그와 관련된 수익이 인식되는 기간에 그 관련 수익에 대응시켜서 인식해야 한다."는 원칙을 말한다.
총액주의	• 수익과 비용은 총액으로 기재함을 원칙으로 한다. 수익 항목과 비용 항목을 직접 상계함으로써 그 전부 또는 일부를 손익계산서에서 제외하여서는 안 된다.
구분계산	• 손익계산서상 손익은 매출총손익, 영업손익, 법인세비용차감전순손익, 당기순손익으로 구분하여 계산하고 표시하여야 한다.

참고 비용의 인식방법 3가지

비용을 인식하는 가장 기본적인 원칙은 수익·비용 대응의 원칙이다. 그러나 수익과 비용의 직접적인 인과관계를 파악할 수 없을 때에는, 발생 즉시 비용으로 인식하거나, 또는 합리적으로 추정된 여러 기간으로 나누어 비용으로 인식하는 방법도 사용되고 있다.

관련 수익에 직접 대응	관련 수익과 직접적인 인과관계를 파악할 수 있는 비용은 관련 수익에 직접 대응시킨다. 예 당기 매출액에 대한 당기 매출원가
즉시 비용처리	관련 수익과 직접적인 인과관계를 파악할 수 없고 당해 지출이 미래 경제적 효익을 제공하지 못하거나 미래 경제적 효익의 유입가능성이 불확실한 경우에는 이를 발생 즉시 비용으로 처리한다. 예 광고선전비
합리적이고 체계적인 방법에 의한 기간배분	관련 수익과의 직접적인 인과관계를 파악할 수는 없지만 당해 지출이 일정 기간 동안 수익창출활동에 기여하는 것으로 판단되면 이를 해당되는 기간에 걸쳐 합리적이고 체계적으로 배분하여 비용으로 처리한다. 예 감가상각비

fn.Hackers.com

핵심기출문제

01 (가), (나), (다) 및 (라)에 들어갈 용어를 올바르게 짝지은 것은? (단, 일반기업회계기준을 적용한다)

[제67회 전산회계 2급]

> • 재무상태표는 (가)의 (나)를 나타내는 재무제표이다.
> • 손익계산서는 (다)의 (라)를 나타내는 재무제표이다.

	(가)	(나)	(다)	(라)
①	일정 기간	재무상태	일정 시점	경영성과
②	일정 기간	경영성과	일정 시점	재무상태
③	일정 시점	재무상태	일정 기간	경영성과
④	일정 시점	경영성과	일정 기간	재무상태

02 다음 중 재무상태표에 표시되는 항목이 아닌 것은?

[제76회 전산회계 2급]

① 자산 ② 부채
③ 비용 ④ 자본

03 재무제표 구성요소 중 잔여지분에 해당하는 것은?

[19' 주택관리사]

① 자산 ② 부채 ③ 자본
④ 수익 ⑤ 비용

04 다음 빈칸에 알맞은 금액은 얼마인가?

[제32회 전산회계 2급]

구 분	자 산	부 채	자 본
남항상사	500,000원	(가)	200,000원
북항상사	(나)	350,000원	300,000원

	(가)	(나)
①	300,000원	300,000원
②	650,000원	650,000원
③	650,000원	300,000원
④	300,000원	650,000원

정답 및 해설

01 ③ · 재무상태표는 기업의 재무상태를 보고하기 위하여 일정 시점 현재의 자산, 부채, 자본을 나타내는 보고서이다.
· 손익계산서는 기업의 경영성과를 보고하기 위하여 일정 기간 동안에 일어난 거래나 사건을 통해 발생한 수익, 비용, 순이익(순손실)을 나타내는 보고서이다.

02 ③ 비용은 손익계산서에 표시되는 항목이다.

03 ③ · 자본이란 기업이 소유하고 있는 자산총액에서 타인에게 지급해야 할 부채총액을 차감한 잔액을 말하며, 이를 순자산 또는 자기자본이라고도 한다.
· 자본은 기업에 대한 소유주(주주)의 청구권이라고 이해할 수 있으며, 기업을 청산하는 경우에 부채를 먼저 상환한 다음 남은 잔액을 소유주에게 반환한다 하여 자본을 잔여지분이라고도 부른다.

04 ④ · 남항상사 재무상태표

자산	500,000	부채 (가)	300,000
		자본	200,000

· 북항상사 재무상태표

자산 (나)	650,000	부채	350,000
		자본	300,000

05 다음 중 빈칸에 들어갈 값으로 옳은 것은? [제38회 전산회계 2급]

기 초			기 말			당기순이익
자 산	부 채	자 본	자 산	부 채	자 본	
1,300,000	(가)	740,000	(나)	650,000	(다)	150,000

	(가)	(나)	(다)
①	550,000	1,510,000	860,000
②	550,000	1,520,000	870,000
③	560,000	1,530,000	880,000
④	560,000	1,540,000	890,000

06 기초자산총액 ₩40,000, 기초부채총액 ₩18,000, 기말부채총액 ₩39,000이다. 기중에 경영활동으로 수익총액 ₩33,000, 비용총액 ₩24,000이 발생하였다면 기말자산총액과 기말자본총액은? [07' 국가직 공무원 9급]

	기말자산총액	기말자본총액
①	₩70,000	₩31,000
②	₩61,000	₩31,000
③	₩70,000	₩22,000
④	₩61,000	₩22,000

07 다음 자료에 따른 당기의 수익총액은? [13' 지방직 공무원 9급]

• 기초자산	₩50,000	• 기초부채	₩30,000
• 기말자산	₩90,000	• 기말부채	₩40,000
• 당기비용총액	₩120,000		

① ₩140,000　　　　　　　　　　② ₩150,000

③ ₩160,000　　　　　　　　　　④ ₩170,000

정답 및 해설

05 ④ • 기초 재무상태표

| 기초자산 | 1,300,000 | 기초부채 (가) | 560,000 |
| | | 기초자본 | 740,000 |

• 재무상태표의 기초자본 + 손익계산서의 당기순이익 = 재무상태표의 기말자본
→ 740,000 + 150,000 = (다)
∴ (다) = 890,000

• 기말 재무상태표

| 기말자산 (나) | 1,540,000 | 기말부채 | 650,000 |
| | | 기말자본 | 890,000 |

06 ① • 기초 재무상태표

| 기초자산 | 40,000 | 기초부채 | 18,000 |
| | | 기초자본 | 22,000 |

• 기초자본 + (수익 − 비용) = 기말자본
→ 22,000 + (33,000 − 24,000) = ?
∴ 기말 자본 = 31,000

• 기말 재무상태표

| 기말자산 | 70,000 | 기말부채 | 39,000 |
| | | 기말자본 | 31,000 |

07 ② • 기초 재무상태표

| 기초자산 | 50,000 | 기초부채 | 30,000 |
| | | 기초자본 | 20,000 |

• 기말 재무상태표

| 기말자산 | 90,000 | 기말부채 | 40,000 |
| | | 기말자본 | 50,000 |

• 기초자본 + (수익 − 비용) = 기말자본
→ 20,000 + (? − 120,000) = 50,000
∴ 수익 = 150,000

제3절 | 거래의 기록

01 회계상 거래

회계상 거래란 기업의 경영활동에서 ㉠ 자산·부채·자본·수익·비용의 증감변화가 생기는 것으로서 ㉡ 그 증감을 금액으로 측정할 수 있는 것을 말한다. 즉 회계에서는 자산·부채·자본·수익·비용에 증감변화가 발생하여 재무상태표 또는 손익계산서에 영향을 미치는 경제적 사건들을 거래로 보는 것이다. 회계상 거래에 해당하는 경우 이는 장부에 기록(부기)되어야 한다.

회계상 거래는 일상생활에서의 거래와 의미에 차이가 있기 때문에, 일상생활에서는 거래이지만 회계상으로는 거래가 아닌 경우[1]도 있고 일상생활에서는 거래가 아니지만 회계상으로는 거래인 경우[2]도 있다.

[1] 예를 들어 계약금 없이 구두로 상품 주문을 받은 경우 또는 종업원과 채용 계약을 체결한 경우, 일상생활에서는 이를 거래로 보지만 주문 또는 계약체결 행위 자체만으로는 자산·부채·자본·수익·비용의 증감변화가 생기지 않기 때문에 회계에서는 이를 거래로 보지 않는다.

[2] 예를 들어 건물에 화재가 발생한 경우, 일상생활에서는 이를 거래로 보지 않지만 화재라는 사건으로 인해 자산·부채·자본·수익·비용의 증감변화가 생기고 피해 금액을 측정할 수 있기 때문에 회계에서는 이를 거래로 보며 장부에 기록한다.

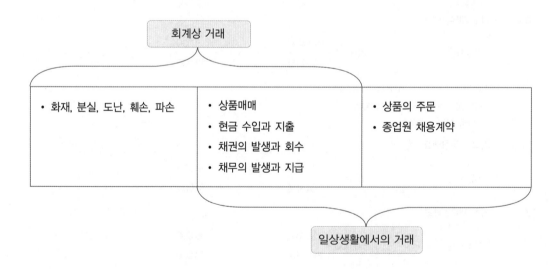

02 복식부기

회계상 거래를 장부에 기록하는 방법에는 단식부기와 복식부기가 있을 수 있는데, 단식부기란 거래의 결과 (例 수입과 지출)만을 가계부 형식으로 기록하는 방식을 말하고, 복식부기란 하나의 거래를 두 가지 내용 (원인과 결과)으로 나누어 왼쪽과 오른쪽 양변에 기록하는 방식을 말한다.

회계는 거래를 복식부기에 따라 양변으로 기록하며, 이때 **왼쪽**을 **차변**이라고 하고, **오른쪽**을 **대변**이라고 한다.

복식부기의 특징은 다음과 같다.

거래의 이중성	거래의 이중성이란 회계상 거래를 장부에 기록할 때에는 재산 증감변화의 원인과 결과로 나누어 이중(차변과 대변)으로 기록하여야 한다는 것을 말하며, 이를 복식부기의 원리라고도 한다.
대차평균의 원리	거래의 이중성에 의하여 모든 회계상 거래는 차변과 대변 양쪽으로 기록되므로 장부상 차변 금액합계와 대변 금액합계는 항상 일치하여야 하는데 이를 대차평균의 원리라고 한다.
자기검증기능	대차평균의 원리에 의하여 장부상 차변 금액합계와 대변 금액합계는 항상 일치하여야 한다. 만약 일치하지 않는다면 장부 기록에 오류가 있음을 자동적으로 발견할 수 있게 되는데 이를 복식부기의 자기검증기능이라고 한다.

03 거래의 8요소와 결합관계

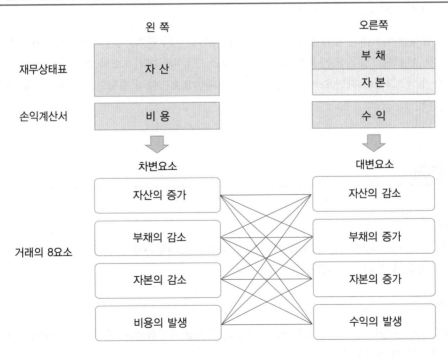

(1) 거래의 8요소

회계상 거래는 자산·부채·자본·수익·비용의 경제적인 증감변화를 의미하므로, 회계상 거래는 장부에 기록될 때 '자산의 증가와 감소, 부채의 증가와 감소, 자본의 증가와 감소, 수익의 증가와 감소, 비용의 증가와 감소'라는 10가지 형태로 표시될 수 있다.

이 중 '수익의 감소'와 '비용의 감소'는 이미 발생한 수익과 비용을 차감조정하는 것이므로 거래의 발생을 기록할 때에는 사용되지 않는 것이 일반적이고, 이 둘을 제외한다면 수익과 비용은 증가 또는 감소로 표현하지 않고 발생으로만 표현하는 것이 조금 더 정확할 것이다.

이와 같이 회계상 거래의 발생을 기록할 때 나타날 수 있는 거래의 구성요소는 '자산의 증가, 자산의 감소, 부채의 증가, 부채의 감소, 자본의 증가, 자본의 감소, 수익의 발생, 비용의 발생'으로 정리할 수 있는데, 이를 '거래의 8요소'라고 한다.

(2) 거래 8요소의 결합관계

재무상태표의 구성요소와 손익계산서의 구성요소에서 원래 위치가 왼쪽인 것은 자산, 비용이고 원래 위치가 오른쪽인 것은 부채, 자본, 수익이다.

거래를 기록할 때, 차변과 대변의 위치는 자산·부채·자본·수익·비용의 원래 위치를 고려하여 그 증가 또는 감소를 정확하게 반영할 수 있도록 결정되어야 한다.

거래의 8요소 중 '자산의 증가, 부채의 감소, 자본의 감소, 비용의 발생'은 반드시 차변에만 올 수 있으며 이를 차변요소라고 한다. 반면, 거래의 8요소 중 '자산의 감소, 부채의 증가, 자본의 증가, 수익의 발생'은 반드시 대변에만 올 수 있으며 이를 대변요소라고 한다.

회계상 거래의 발생은 거래의 8요소 중 차변요소 1개 이상과 대변요소 1개 이상의 결합으로 기록되는데 이를 '거래 8요소의 결합관계'라고 한다.

차변 금액합계와 대변 금액합계만 일치한다면(대차평균의 원리), 1개의 차변요소가 2개 이상의 대변요소와 결합하는 경우 또는 2개 이상의 차변요소가 1개의 대변요소와 결합하는 경우도 얼마든지 있을 수 있다. 그러나 차변요소끼리의 결합 또는 대변요소끼리의 결합만으로는 절대로 거래를 기록할 수 없다.

04 분개

(1) 계정

계정(Account, A/C)이란 거래를 기록할 때 사용하는 세분화된 단위(예 현금 계정, 급여 계정)를 말하며, 이를 계정과목이라고도 한다.

(2) 분개

분개(Journalizing, Journal Entry, J/E)란 회계상 거래를 복식부기에 입각하여 차변과 대변으로 나누어 기록하는 것을 말한다.

기출포인트

- 모든 계정과목은 자산·부채·자본·수익·비용 중 어느 하나에 해당하며, 그 계정과목이 증가하는지 감소하는지에 따라 차변과 대변 중 어느 쪽에 분개할 것인지를 결정한다.
- 거래 8요소의 결합관계는 분개의 구성원리를 의미한다.

(3) 분개의 절차

사례를 통하여 분개의 절차를 분석하여 보면 다음과 같다.

> 회계상 거래 : 1월 31일   종업원에게 급여 100,000원을 현금으로 지급하였다.

(1단계) 어떤 계정과목을 사용할 것인가?
  → '급여' 계정과 '현금' 계정이 필요하다.

(2단계) 사용하려는 계정과목을 차변과 대변 중 어느 쪽에 기록할 것인가?
  → '급여' 계정은 비용에 해당하며, '급여'라는 비용이 발생하였으므로 차변에 기록한다.
  → '현금' 계정은 자산에 해당하며, '현금'이라는 자산이 감소하였으므로 대변에 기록한다.
  → 차변요소 1개와 대변요소 1개가 도출되어 거래 8요소의 결합관계가 성립한다.

(3단계) 금액을 얼마로 기록할 것인가?
  → 거래 금액은 100,000원이므로 분개에서 차변 금액합계와 대변 금액합계는 각각 100,000원이 되어야 한다.

> 분개 : 1월 31일   (차) 급여   100,000   (대) 현금   100,000

(4) 전표와 분개장

기업에서 거래가 발생하면 그때마다 분개를 하게 되는데, 거래에 대한 분개를 기록하는 문서로는 전표와 분개장이 있다.

① 전표

전표(Slip, Voucher)란 거래 하나에 대한 분개마다 한 장씩 작성하는 서식을 말한다. 한 장의 전표에는 거래 하나에 대한 분개만 기록된다.

전표에는 거래일자, 차변과 대변의 계정과목 및 금액, 거래처, 적요, 내부승인권자의 서명 등 거래에 대한 상세한 내용이 기재된다.

② 분개장

분개장(Journal)이란 각 전표에 기록된 분개들을 발생한 순서에 따라 차례대로 기재하는 서식을 말한다. 한 장의 분개장에는 일정 기간 동안 발생한 모든 거래들에 대한 분개가 차례대로 기록된다.

05 전기

(1) 전기

거래가 발생하면 이에 대한 전표가 작성되고 분개장이 만들어지는데, 분개장은 거래가 발생한 순서대로 기록되어 있는 장부이기 때문에 분개장만으로는 계정과목별 잔액을 파악할 수가 없다. 이를 해결하고자 분개한 내용을 계정과목별로 모아서 옮겨 적는 작업을 하는데, 이 작업을 전기(Posting)라고 한다.

(2) 총계정원장

전기 작업의 결과 분개 내용이 각 계정별로 집계되는데 이를 원장(Ledger) 또는 총계정원장(General Leger, G/L)이라고 한다.

(3) 총계정원장의 작성방법

원장 준비	• 분개에 사용된 모든 계정과목에 대하여 계정과목마다 1개씩 총계정원장을 준비한다.
기초 금액 기재	• 자산·부채·자본에 속하는 계정과목은 전기 기말 금액이 당기 기초로 이월되므로 당기에 그 금액에서 출발할 수 있도록 기초 금액을 기재한다. • 기초 금액을 기재하는 위치는 자산·부채·자본이 재무상태표에서 표시되는 위치와 동일하다. 즉, 자산 계정은 차변, 부채 계정과 자본 계정은 대변에 각각 기초 금액을 기재한다. • 수익·비용에 속하는 계정과목은 전기 기말 금액이 당기 기초로 이월되지 않고 당기에 금액이 '0'에서 다시 출발하므로 기초 금액을 기재하지 않는다.
증가·감소 금액 기재	• 계정과목이 차변에 분개 되었다면 그 금액을 해당 계정과목의 총계정원장에 차변에 기재한다. • 계정과목이 대변에 분개 되었다면 그 금액을 해당 계정과목의 총계정원장에 대변에 기재한다.
상대 계정과목 기재	• 총계정원장에 증가·감소 금액을 기재할 때에는 그 금액이 어떻게 분개 되었던 것인지에 대한 정보를 제공하기 위하여 분개에서 해당 계정과목이 기록되었던 위치(예를 들어, 차변)의 반대편(대변)에 기록되어 있던 계정과목 이름을 기재한다.

> **기출포인트**
> • 자산·부채·자본 계정에 속하는 계정과목의 총계정원장에는 기초 금액을 적는다.
> • 전기를 할 때, 금액은 자기 금액을 적고, 계정과목은 상대 계정과목을 적는다.
> • 'A라는 계정과목'의 총계정원장에서 '금액'이 적혀있는 위치가 '차변인지 대변인지'를 보고, 그 금액과 함께 적혀있는 'B라는 상대 계정과목'만 보면, 해당 거래의 분개 내용(차변 계정과목과 금액, 대변 계정과목과 금액)을 모두 알 수 있게 된다.

(4) 총계정원장에서 증감액과 잔액의 위치

거래를 분개할 때 계정을 차변과 대변 중 어느 쪽에 기입할 것인지는 해당 계정이 자산·부채·자본·수익·비용 중 어디에 속하는지, 해당 계정의 증감이 거래의 8요소 중 어디에 해당하는지에 따라 결정된다.

총계정원장은 이러한 원리로 작성된 분개 내용을 각 계정별로 집계한 것이므로, 총계정원장에서의 증감액과 잔액의 위치는 다음과 같은 규칙성을 나타낸다.

- **자산** 계정은 증가를 차변에, 감소를 대변에 기재하며, 잔액은 반드시 **차변**에 남는다.
- **부채** 계정은 증가를 대변에, 감소를 차변에 기재하며, 잔액은 반드시 **대변**에 남는다.
- **자본** 계정은 증가를 대변에, 감소를 차변에 기재하며, 잔액은 반드시 **대변**에 남는다.
- **수익** 계정은 발생을 대변에, 소멸(차감조정)을 차변에 기재하며, 잔액은 반드시 **대변**에 남는다.
- **비용** 계정은 발생을 차변에, 소멸(차감조정)을 대변에 기재하며, 잔액은 반드시 **차변**에 남는다.

요약해보면, 총계정원장에서 자산·부채·자본·수익·비용 각 계정의 **증가·감소** 위치는 **거래의 8요소**에서의 위치와 동일하고, 이에 따라 **잔액**이 남는 위치도 **재무상태표·손익계산서**에서의 위치와 일치하게 됨을 확인할 수 있다.

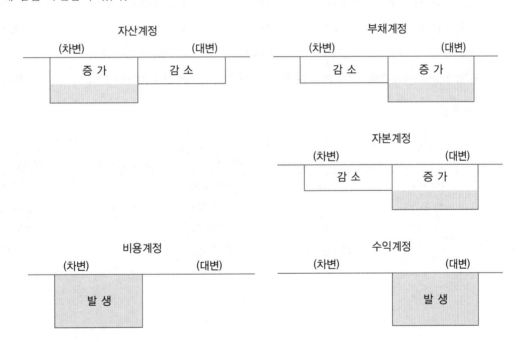

㈜부산상사는 도·소매업을 영위하는 기업이다. 당기 중에 다음과 같은 거래가 발생했을 때 분개장과 총계정원장을 작성하여 보자.

- 현금 계정과목은 자산에 해당하고, 전기 기말에서 당기 기초로 이월되어 온 기초 금액은 1,500,000원이다.
- 상품 계정과목은 자산에 해당하고, 전기 기말에서 당기 기초로 이월되어 온 기초 금액은 0원이다.
- 상품매출 계정과목은 수익에 해당하고, 상품매출원가 계정과목과 급여 계정과목은 비용에 해당한다.
- 1월 8일 공급처로부터 상품 600,000원을 현금을 주고 구입하였다(상품구입).
- 1월 20일 보유하고 있던 상품 전부를 고객에게 현금 1,000,000원을 받고 판매하였다(상품매출).
- 1월 31일 종업원에게 급여 100,000원을 현금으로 지급하였다(급여).
- 단, 상품매출원가를 인식하는 분개는 결산일인 12월 31일에 하기로 한다.

[풀이] ① 일자별 분개와 그에 대한 거래 8요소의 결합관계 분석

1월 8일 (차) 상품 (자산의 증가)	600,000	(대) 현금 (자산의 감소)	600,000
1월 20일 (차) 현금 (자산의 증가)	1,000,000	(대) 상품매출 (수익의 발생)	1,000,000
1월 31일 (차) 급여 (비용의 발생)	100,000	(대) 현금 (자산의 감소)	100,000
12월 31일 (차) 상품매출원가 (비용의 발생)	600,000	(대) 상품 (자산의 감소)	600,000

② 분개장

일 자	차 변		대 변	
	계정과목	금 액	계정과목	금 액
1월 8일	상 품	600,000	현 금	600,000
1월 20일	현 금	1,000,000	상품매출	1,000,000
1월 31일	급 여	100,000	현 금	100,000
12월 31일	상품매출원가	600,000	상 품	600,000

③ 총계정원장

현금 (자산)

1/1 전기이월	1,500,000	1/8 상품		600,000
1/20 상품매출	1,000,000	1/31 급여		100,000

상품 (자산)

1/1 전기이월	0	12/31 상품매출원가	600,000
1/8 현금	600,000		

상품매출 (수익)

	1/20 현금	1,000,000

급여 (비용)

1/31 현금	100,000

상품매출원가 (비용)

12/31 상품	600,000

01 다음 사건에서 발생시점에 분개하여야 할 회계거래는? [19' 국가직 공무원 9급]

① 제품포장을 위해 계약직 직원을 일당 ₩100,000의 조건으로 매월 말 급여를 지급하기로 하고 채용하였다.
② 물류창고에서 화재가 발생하여 보유 중인 재고자산(장부금액 ₩2,000,000)이 전부 소실되었다.
③ 거래처로부터 신제품 100개를 개당 ₩1,000의 조건으로 월말까지 납품해 달라는 주문서를 받았다.
④ 다음 달 사무실을 이전하기로 하고 매월 말 ₩1,000,000의 임차료를 지급하는 계약을 건물주와 체결하였다.

02 다음 중 거래요소의 결합관계로 적절하지 못한 것은? [07' 국가직 공무원 9급]

① (차) 자산의 증가   (대) 자산의 감소
② (차) 부채의 감소   (대) 부채의 증가
③ (차) 자산의 증가   (대) 수익의 발생
④ (차) 비용의 발생   (대) 자본의 감소

03 다음 그림의 (가)에 들어갈 내용으로 옳은 것은?

거 래	분개 ⇒	분 개 장	전기 ⇒	(가)

① 시산표   ② 정산표   ③ 재무상태표   ④ 총계정원장

정답 및 해설

01 ② • 회계상 거래란 기업의 경영활동에서 자산·부채·자본·수익·비용의 증감변화가 생기는 것으로서 그 증감을 금액으로 측정할 수 있는 것을 말한다.
  • 종업원과 채용 계약을 체결하는 행위(①), 계약금 없이 상품을 주문받는 행위(③), 계약금 없이 임대차 계약을 체결하는 행위(④)는 그 자체만으로는 자산·부채·자본·수익·비용의 증감변화가 생기지 않기 때문에 이는 회계상 거래가 아니다.
  • 회계상 거래(②)가 발생하면 기업은 이를 복식부기에 입각하여 분개로 기록한다. 반면, 회계상 거래에 해당하지 않는 사건(①, ③, ④)에 대하여는 분개로 기록할 수 없다.
  • ② (차) 재해손실 2,000,000   (대) 상품 2,000,000

02 ④ • 차변요소 : 자산의 증가 / 부채의 감소 / 자본의 감소 / 비용의 발생
  • 대변요소 : 자산의 감소 / 부채의 증가 / 자본의 증가 / 수익의 발생

03 ④ 분개장만으로는 계정과목별 잔액을 파악할 수 없기 때문에 분개한 내용을 계정과목별로 모아서 옮겨 적는 작업을 하는데 이를 '전기'라고 한다. '전기' 작업에 따라 분개 내용이 각 계정과목별로 집계되는데 이를 '총계정원장'이라고 한다.

제4절 | 회계의 순환과정

01 회계의 순환과정

회계의 순환과정이란 거래를 식별하여 장부에 기록하는 것에서부터 이를 정리하여 재무제표를 작성하기까지 이루어지는 일련의 과정을 말한다. 이러한 순환과정은 매 회계기간마다 계속 반복해서 이루어진다.

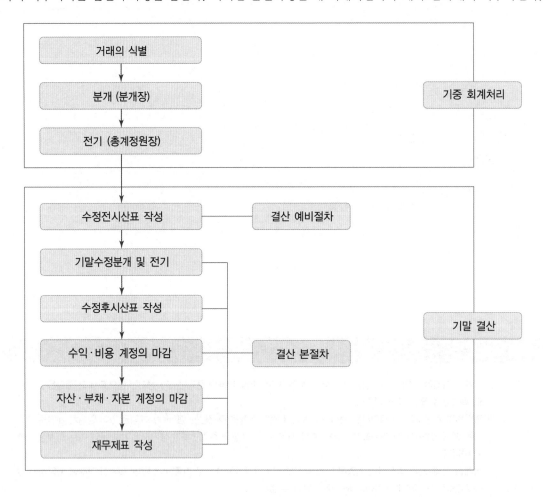

02 결산

(1) 결산의 정의

기업은 회계상 거래가 발생할 때마다 이를 식별하여 분개장에 분개하고 이를 총계정원장에 전기하는 작업을 기중에 걸쳐 반복한다. 회계기간 말에는 기중에 기록한 장부를 정리하고 마감하여 기업의 재무상태와 경영성과를 파악하는 작업을 하는데, 이를 결산(Closing)이라고 한다.

(2) 결산의 절차

(1단계) 수정전시산표 작성	기말 결산을 하기 위한 예비작업으로서, 기중에 작성한 분개장과 총계정원장이 대차평균의 원리에 따라 올바르게 작성되었는지 확인하기 위하여 시산표를 작성한다.
(2단계) 기말수정분개 및 전기	기중의 회계처리만으로는 자산·부채·자본·수익·비용을 정확하게 나타낼 수 없기 때문에 기말 결산 때 이를 조정해 주는 수정분개를 한다. 기말수정분개를 분개장에 기록하고 총계정원장에 전기한다.
(3단계) 수정후시산표 작성	기말수정분개와 전기가 대차 차액 없이 정확하게 작성되었는지 확인하기 위하여 수정후시산표를 작성한다.
(4단계) 수익·비용 계정의 마감	수익·비용 계정은 차기로 이월되지 않으므로 잔액이 '0'이 되도록 마감하고, 수익과 비용을 집계하여 산출한 당기순이익을 재무상태표의 자본으로 반영한다.
(5단계) 자산·부채·자본 계정의 마감	자산·부채·자본 계정은 차기로 이월되어야 하므로 잔액이 '0'이 되지 않고 계속해서 유지되도록 마감한다.
(6단계) 재무제표 작성	손익계산서, 재무상태표, 그 외 필요한 재무제표를 작성한다.

03 시산표

시산표(Trial Balance, T/B)란 분개와 전기가 대차 차액 없이 정확하게 되었는지를 확인하기 위하여 모든 계정과목의 총계정원장 금액을 한곳에 모아 정리한 표를 말한다.

복식부기에서 모든 거래는 차변과 대변이 항상 같은 금액으로 분개 되므로, 총계정원장 금액을 모아 놓은 시산표에서 '모든 계정과목의 차변을 합계한 금액'과 '모든 계정과목의 대변을 합계한 금액'은 반드시 일치하여야 한다.

시산표는 다음과 같은 형태로 작성할 수 있다.

합계시산표	각 계정의 총계정원장에 있는 차변 합계액을 시산표의 차변에, 대변 합계액을 시산표의 대변에 기재
잔액시산표	각 계정의 총계정원장에 있는 차변 잔액을 시산표의 차변에, 대변 잔액을 시산표의 대변에 기재 (즉, 자산·부채·자본·수익·비용을 구성하는 모든 계정과목의 총계정원장 잔액을 한곳에 모아놓은 표)
합계잔액시산표	합계시산표와 잔액시산표를 하나의 표로 작성

04 기말수정분개

기중의 회계처리만으로는 자산·부채·자본·수익·비용을 정확하게 나타낼 수 없기 때문에, 기말 결산 때 각 계정의 실제 잔액을 파악하여 총계정원장의 잔액이 실제 잔액과 일치하도록 조정해 주는 분개를 하는데, 이를 기말수정분개 또는 결산정리분개라고 한다.

기말수정분개를 분개장에 기록하고 총계정원장에 전기하고 나면 이러한 작업이 대차 차액 없이 정확하게 이루어졌는지 확인하기 위하여 수정후시산표를 작성한다.

05 | 수익·비용 계정의 마감

마감은 당기 회계기간 동안 기록해온 총계정원장을 결산일 기준으로 끝내고 다음 회계기간에 기록을 계속할 수 있도록 준비하는 절차이다.

손익계산서 계정인 수익·비용 계정이 먼저 당기순이익으로 집계되어야 그 금액이 재무상태표 계정인 자본 계정으로 반영될 수 있으므로, 계정을 마감할 때는 **손익계산서 계정을 먼저, 재무상태표 계정을 나중**에 하게 된다.

수익·비용 계정은 당기의 경영성과를 보여주는 것으로서 다음 기의 경영성과를 파악할 때 영향을 미쳐서는 안 된다. 따라서 수익·비용 계정은 한 회계기간이 끝나면 잔액을 '0'으로 만들어서 다음 기의 수익·비용 계정이 '0'에서 출발하도록 해야 한다.

수익·비용 계정을 마감할 때는 임시계정인 '집합손익' 계정(또는 '손익' 계정이라고도 함)을 사용한다. 모든 수익·비용 계정을 집합손익 계정으로 대체하여 잔액을 '0'으로 만들고, 당기순이익(당기순손실) 금액을 의미하는 집합손익 계정의 잔액을 자본 계정의 증가(감소)로 반영한다.

수익·비용 계정의 마감절차는 다음과 같다.

1단계	집합손익 계정이라는 임시계정을 만들고 총계정원장을 준비한다.
2단계	수익 계정은 잔액이 대변에 남아 있으므로, 모든 수익 계정의 잔액을 차변에 적어서 잔액을 '0'으로 만들고, 이를 집합손익 계정으로 대체하는 분개를 한다. (차) 모든 수익 계정　　　　　　xxx　　　(대) 집합손익 계정　　　　　　xxx
3단계	비용 계정은 잔액이 차변에 남아 있으므로, 모든 비용 계정의 잔액을 대변에 적어서 잔액을 '0'으로 만들고, 이를 집합손익 계정으로 대체하는 분개를 한다. (차) 집합손익 계정　　　　　　xxx　　　(대) 모든 비용 계정　　　　　　xxx
4단계	집합손익 계정의 잔액을 자본 계정[1]으로 대체하는 분개를 한다. 이에 따라 집합손익 계정의 잔액은 '0'이 된다. • 당기순이익(즉, 수익 > 비용)인 경우, 집합손익 계정의 잔액이 대변에 남게 되므로, 집합손익 계정의 잔액을 차변에 적어서 잔액을 '0'으로 만들고, 이를 자본 계정의 증가로 반영하는 분개를 한다. 　(차) 집합손익 계정　　　　　　xxx　　　(대) 자본 계정 (자본의 증가)　　　xxx • 당기순손실(즉, 수익 < 비용)인 경우, 집합손익 계정의 잔액이 차변에 남게 되므로, 집합손익 계정의 잔액을 대변에 적어서 잔액을 '0'으로 만들고, 이를 자본 계정의 감소로 반영하는 분개를 한다. 　(차) 자본 계정 (자본의 감소)　　　xxx　　　(대) 집합손익 계정　　　　　　xxx
5단계	마감 분개를 수익 계정, 비용 계정, 집합손익 계정의 총계정원장에 전기하여 잔액이 '0'이 맞는지 확인한다.

[1] 집합손익 계정의 잔액을 자본 계정으로 대체할 때, 개인기업의 경우에는 자본이 자본금 계정으로만 구성되어 있으므로 자본금 계정으로 대체하면 된다. 법인기업의 경우에는 자본이 여러 계정으로 구성되어 있는데 그중 이익잉여금 계정으로 대체한다.

06 | 자산·부채·자본 계정의 마감

자산·부채·자본 계정은 경영활동의 결과 일정 시점까지 누적된 재무상태를 보여주는 것으로서 다음연도에도 그 권리나 의무가 그대로 존속된다. 따라서 자산·부채·자본 계정은 한 회계기간이 끝나도 잔액이 계속 유지되어 차기로 이월되도록 해야 한다.

결산을 마친 자본 계정에는 집합손익 계정을 거쳐 자본으로 대체된 당기순이익 금액이 포함되어 있다.

자산·부채·자본 계정의 마감절차는 다음과 같다.

- 자산 계정은 결산일 현재 총계정원장에서 잔액이 차변에 남아 있으므로 총계정원장의 대변에 '차기이월' 하는 항목임을 표시하면서 차변 잔액과 동일한 금액을 기재하여 당기 총계정원장에서 차변 합계와 대변 합계를 일치시킨다. 그리고 동시에 다음 회계연도 기초 시점 총계정원장의 차변에 '전기이월'된 항목임을 표시하면서 동 금액을 기재한다.
  이에 따라 당기 회계연도 기말의 차변 잔액이 차기 회계연도 기초의 차변 잔액으로 이월된다.

- 부채 계정과 자본 계정은 결산일 현재 총계정원장에서 잔액이 대변에 남아 있으므로 총계정원장의 차변에 '차기이월'하는 항목임을 표시하면서 대변 잔액과 동일한 금액을 기재하여 당기 총계정원장에서 차변 합계와 대변 합계를 일치시킨다. 그리고 동시에 다음 회계연도 기초 시점의 총계정원장 대변에 '전기이월' 된 항목임을 표시하면서 동 금액을 기재한다.
  이에 따라 당기 회계연도 기말의 대변 잔액이 차기 회계연도 기초의 대변 잔액으로 이월된다.

기출포인트

- 자산·부채·자본 계정의 총계정원장에서 기초(전기이월) 금액을 기재하는 위치는 자산·부채·자본이 재무상태표에서 표시되는 위치와 동일하다. 즉, 자산 계정은 차변, 부채 계정과 자본 계정은 대변에 각각 기초 금액을 기재한다.

- 마감이 끝난 자산·부채·자본 계정의 총계정원장에는 기말(차기이월) 금액이 기재되어 있고 차변 합계와 대변 합계가 일치한다.

- 마감이 끝난 자산·부채·자본 계정의 총계정원장에서 기말(차기이월) 금액을 기재하는 위치는 자산·부채·자본이 재무상태표에서 표시되는 위치와 정반대이다. 즉, 기초 금액의 반대편에 기말 금액을 기재한다.

07 손익계산서와 재무상태표의 작성

모든 계정이 마감되어 금액이 확정되면 손익계산서와 재무상태표를 작성하여 당기 동안의 경영성과와 당기말 현재의 재무상태를 파악한다.

수익·비용 계정은 마감 후에는 잔액이 '0'이 되므로 손익계산서는 수익·비용 계정의 마감 전 잔액을 이용하여 작성한다.

수익·비용 계정을 마감하는 과정에서 당기순이익 금액이 집합손익 계정을 거쳐 자본으로 대체됨에 따라, 손익계산서의 당기순이익은 재무상태표의 자본에 반영된다.

자산·부채·자본 계정은 마감 후에도 잔액이 '0'이 되지 않고 차기로 이월되므로 재무상태표는 자산·부채·자본 계정의 마감 후 잔액을 이용하여 작성하면 된다.

08 회계의 순환과정 사례

㈜한국상사는 도·소매업을 영위하는 법인기업이다. 당기 회계기간은 제2기로서 20x2년 1월 1일부터 12월 31일까지이다. 기초 재무상태표, 기중에 발생한 거래 내역, 기말수정분개 사항이 다음과 같을 때 기중 회계처리와 기말 결산 작업을 수행하여 보자.

[자료 1] 기초 재무상태표

재무상태표

㈜한국상사	20x2년 1월 1일 현재		(단위 : 원)
자산		**부채**	
현금	1,800,000	차입금	500,000
		자본	
		자본금	1,000,000
		이익잉여금	300,000
	1,800,000		1,800,000

[자료 2] 기중 거래 내역

- 20x2년 2월 10일 공급처로부터 상품 900,000원을 현금을 주고 구입하였다(상품구입).
- 20x2년 2월 20일 보유하고 있던 상품을 고객에게 현금 1,400,000원을 받고 판매하였다(상품매출).
- 20x2년 2월 28일 종업원에게 급여 100,000원을 현금으로 지급하였다(급여).
- 20x2년 3월 15일 은행에서 빌렸던 차입금 500,000원 중 200,000원을 현금으로 상환하였다.

[자료 3] 기말수정분개 사항

- 상품매출원가를 인식하는 분개는 결산일인 12월 31일에 기말수정분개로 반영하기로 한다.

- 기말 결산 시 상품 재고 조사를 해 본 결과 기말에 남아 있는 상품 재고는 없고 900,000원에 구입했던 상품이 모두 당기에 판매된 것으로 파악되었다(상품매출원가).

[풀이] (1) 기중 거래에 대한 분개장, 총계정원장, 수정 전 합계잔액시산표

① 분개장

일 자	차 변		대 변	
	계정과목	금 액	계정과목	금 액
2월 10일	상 품	900,000	현 금	900,000
2월 20일	현 금	1,400,000	상품매출	1,400,000
2월 28일	급 여	100,000	현 금	100,000
3월 15일	차입금	200,000	현 금	200,000

② 총계정원장

현금 (자산)

1/1 전기이월	1,800,000	2/10 상품	900,000
2/20 상품매출	1,400,000	2/28 급여	100,000
		3/15 차입금	200,000

상품 (자산)

1/1 전기이월	0		
2/10 현금	900,000		

차입금 (부채)

3/15 현금	200,000	1/1 전기이월	500,000

자본금 (자본)

		1/1 전기이월	1,000,000

이익잉여금 (자본)

		1/1 전기이월	300,000

상품매출 (수익)

		2/20 현금	1,400,000

급여 (비용)

2/28 현금	100,000		

③ 수정 전 합계잔액시산표

차 변		계정과목	대 변	
잔 액	합 계		합 계	잔 액
2,000,000	3,200,000	현 금	1,200,000	
900,000	900,000	상 품		
	200,000	차입금	500,000	300,000
		자본금	1,000,000	1,000,000
		이익잉여금	300,000	300,000
		상품매출	1,400,000	1,400,000
100,000	100,000	급 여		
3,000,000	4,400,000	합 계	4,400,000	3,000,000

(2) 기말수정분개에 대한 분개장, 총계정원장, 수정 후 합계잔액시산표

① 분개장

일 자	차 변		대 변	
	계정과목	금 액	계정과목	금 액
12월 31일	상품매출원가	900,000	상 품	900,000

② 총계정원장

- 현금(자산), 차입금(부채), 자본금(자본), 이익잉여금(자본), 상품매출(수익), 급여(비용)

  : 변동 없음

상품 (자산)

1/1 전기이월	0	12/31 상품매출원가	900,000
2/10 현금	900,000		

상품매출원가 (비용)

12/31 상품	900,000		

③ 수정 후 합계잔액시산표

차 변		계정과목	대 변	
잔 액	합 계		합 계	잔 액
2,000,000	3,200,000	현 금	1,200,000	
0	900,000	상 품	900,000	
	200,000	차입금	500,000	300,000
		자본금	1,000,000	1,000,000
		이익잉여금	300,000	300,000
		상품매출	1,400,000	1,400,000
900,000	900,000	상품매출원가		
100,000	100,000	급 여		
3,000,000	5,300,000	합 계	5,300,000	3,000,000

(3) 수익 · 비용 계정의 마감

① 모든 수익 계정의 잔액을 집합손익 계정으로 대체

일 자	차 변		대 변	
	계정과목	금 액	계정과목	금 액
12월 31일	상품매출	1,400,000	집합손익	1,400,000

② 모든 비용 계정의 잔액을 집합손익 계정으로 대체

일 자	차 변		대 변	
	계정과목	금 액	계정과목	금 액
12월 31일	집합손익	1,000,000	상품매출원가	900,000
			급여	100,000

③ 집합손익 계정의 잔액을 자본 계정으로 대체

일 자	차 변		대 변	
	계정과목	금 액	계정과목	금 액
12월 31일	집합손익	400,000	이익잉여금	400,000

④ 수익 계정, 비용 계정, 집합손익 계정의 마감 후 총계정원장

상품매출 (수익)

12/31 집합손익	1,400,000	2/20 현금	1,400,000
	1,400,000		1,400,000

상품매출원가 (비용)

12/31 상품	900,000	12/31 집합손익	900,000
	900,000		900,000

급여 (비용)

2/28 현금	100,000	12/31 집합손익	100,000
	100,000		100,000

집합손익

12/31 상품매출원가	900,000	12/31 상품매출	1,400,000
12/31 급여	100,000		
12/31 이익잉여금	400,000		
	1,400,000		1,400,000

(4) 자산·부채·자본 계정의 마감

① 자산 계정의 마감 후 총계정원장

현금 (자산)

1/1 전기이월	1,800,000	2/10 상품	900,000
2/20 상품매출	1,400,000	2/28 급여	100,000
		3/15 차입금	200,000
		12/31 차기이월	2,000,000
	3,200,000		3,200,000

상품 (자산)

1/1 전기이월	0	12/31 상품매출원가	900,000
2/10 현금	900,000	12/31 차기이월	0
	900,000		900,000

② 부채 계정과 자본 계정의 마감 후 총계정원장

차입금 (부채)

3/15 현금	200,000	1/1 전기이월	500,000
12/31 차기이월	300,000		
	500,000		500,000

자본금 (자본)

12/31 차기이월	1,000,000	1/1 전기이월	1,000,000
	1,000,000		1,000,000

이익잉여금 (자본)

12/31 차기이월	700,000	1/1 전기이월	300,000
		12/31 집합손익	400,000
	700,000		700,000

(5) ㈜한국상사 제2기 회계연도에 대한 손익계산서와 재무상태표

① 20x2년 1월 1일부터 20x2년 12월 31일까지 손익계산서

손익계산서

㈜한국상사　　　　　20x2년 1월 1일부터 20x2년 12월 31일까지　　　　　(단위 : 원)

비용		수익	
상품매출원가	900,000	상품매출	1,400,000
급여	100,000		
당기순이익			
당기순이익	400,000		
	1,400,000		1,400,000

② 20x2년 12월 31일 재무상태표

재무상태표

㈜한국상사　　　　　　　　20x2년 12월 31일 현재　　　　　　　　(단위 : 원)

자산		부채	
현금	2,000,000	차입금	300,000
		자본	
		자본금	1,000,000
		이익잉여금	700,000
	2,000,000		2,000,000

㈜한국상사의 제2기 회계연도를 사례로 수정 후 잔액시산표, 재무상태표, 손익계산서의 관계를 그림으로 살펴보면 다음과 같다.

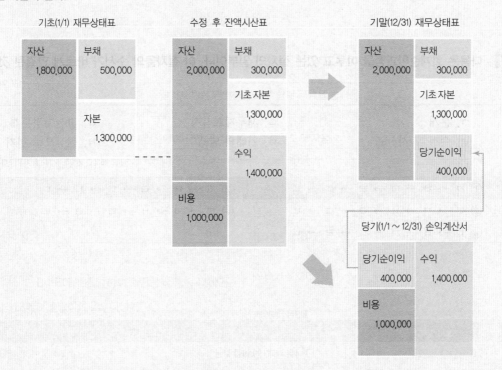

- 수정 후 잔액시산표에서 아래의 등식관계가 성립하는데 이를 '시산표 등식'이라고 한다. 시산표에는 기말자본이 아니라 기초자본이 표시된다는 점에 주의가 필요하다.

> 기말자산 + 총비용 = 기말부채 + **기초자본** + 총수익
>
> 2,000,000 + 1,000,000 = 300,000 + **1,300,000** + 1,400,000

- ㈜한국상사의 제2기 기말 자본은 제2기 기초 자본 1,300,000원에서 제2기 당기순이익 400,000원을 합한 1,700,000원이 된다.

- 당기순이익은 '수익−비용'일 뿐만 아니라 '순자산의 변동'으로도 설명할 수 있다. 제2기 기말 자산총액은 2,000,000원으로서 기초보다 200,000원 증가하였고, 기말 부채총액은 300,000원으로서 기초보다 200,000원 감소하였는데, 순자산은 자산총액에서 부채총액을 차감한 잔액을 말하는 것이므로 제2기 기말 순자산은 기초보다 400,000원이 증가하였다고 볼 수 있고, 이 금액은 당기순이익과 일치하게 된다.

01 다음은 회계순환과정을 이루고 있는 절차의 일부이다. 이 절차들의 순서가 바르게 연결된 것은?

[16' 관세사]

ㄱ. 분개	ㄴ. 재무제표작성	ㄷ. 결산수정분개
ㄹ. 수정 후 시산표	ㅁ. 거래의 발생	ㅂ. 원장으로 전기

① ㅁ → ㅂ → ㄱ → ㄹ → ㄷ → ㄴ   ② ㄱ → ㅂ → ㄹ → ㄷ → ㄴ → ㅁ

③ ㅁ → ㄱ → ㅂ → ㄹ → ㄷ → ㄴ   ④ ㅁ → ㄱ → ㅂ → ㄷ → ㄹ → ㄴ

⑤ ㅁ → ㅂ → ㄱ → ㄷ → ㄹ → ㄴ

02 다음은 이론상 회계순환과정의 일부이다. 순서가 가장 옳은 것은?   [제86회 전산회계 1급]

① 수정후시산표 → 기말수정분개 → 수익·비용계정 마감 → 집합손익계정 마감 → 자산·부채·자본계정 마감 → 재무제표 작성

② 수정후시산표 → 기말수정분개 → 자산·부채·자본계정 마감 → 수익·비용계정 마감 → 집합손익계정 마감 → 재무제표 작성

③ 기말수정분개 → 수정후시산표 → 수익·비용계정 마감 → 집합손익계정 마감 → 자산·부채·자본계정 마감 → 재무제표 작성

④ 기말수정분개 → 수정후시산표 → 자산·부채·자본계정 마감 → 집합손익계정 마감 → 수익·비용계정 마감 → 재무제표 작성

03 다음 중 시산표 등식으로 올바른 것은?

[제86회 전산회계 2급]

① 기말자산 + 총수익 = 기말부채 + 기초자본 + 총비용
② 기말자산 + 총수익 = 기말부채 + 기말자본 + 총비용
③ 기말자산 + 총비용 = 기말부채 + 기초자본 + 총수익
④ 기말자산 + 총비용 = 기말부채 + 기말자본 + 총수익

정답 및 해설

01 ④   거래의 식별(ㅁ) → 분개(ㄱ) → 전기(ㅂ) → 수정전시산표 작성 → 기말수정분개(ㄷ) → 수정후시산표 작성(ㄹ)
→ 수익·비용 계정의 마감 → 자산·부채·자본 계정의 마감 → 재무제표 작성(ㄴ)

02 ③   거래의 식별 → 분개 → 전기 → 수정전시산표 작성 → 기말수정분개 → 수정후시산표 작성 → 수익·비용 계정 마감
→ 집합손익 계정 마감 → 자산·부채·자본 계정 마감 → 재무제표 작성

03 ③   시산표 등식

기말자산 + 총비용 = 기말부채 + 기초자본 + 총수익

제 2 장

계정과목별 회계처리

제 1 절 | 당좌자산

01 유동자산

유동자산이란 보고기간 종료일로부터 1년 이내에 현금화되는 자산을 말한다.

유동자산은 당좌자산과 재고자산으로 나누어진다.[1]

[1] K-IFRS에서는 구체적인 재무상태표의 형식을 제시하지 않고 구분 표시되어야 하는 최소한의 항목(예 매출채권, 재고자산)을 대분류 수준에서 사례로만 제시하고 있다.

02 당좌자산

(1) 당좌자산의 정의

당좌자산이란 판매과정을 거치지 않고 보고기간 종료일로부터 1년 이내에 현금화되는 자산을 말한다.

(2) 당좌자산에 해당하는 계정과목

계정과목	내 용
현 금	통화(지폐, 동전)와 통화대용증권(자기앞수표, 우편환증서 등)
보통예금	수시로 자유로이 입·출금할 수 있는 통장식 은행예금
정기예금	일정한 금액을 예치한 후 만기가 되면 이자와 원금을 돌려받는 금융상품
정기적금	매월 일정 금액을 불입한 후 만기가 되면 이자와 원금을 돌려받는 금융상품
단기대여금	차용증서를 받고 타인에게 빌려준 금전으로서 만기가 결산일로부터 1년 이내에 도래하는 것
외상매출금	기업의 주된 영업활동(일반적인 상거래)인 상품매출을 하고 아직 받지 않은 외상대금
받을어음	기업의 주된 영업활동(일반적인 상거래)인 상품매출을 하고 이에 대한 대금으로 상대방으로부터 받은 어음
매출채권	**외부보고용** 재무상태표에서 사용되는 **통합 표시 계정**으로서, '외상매출금 + 받을어음'을 말함
미수금	일반적인 상거래 이외의 거래에서 발생한 외상대금

미수수익	당기에 속하는 수익 중 차기에 회수될 예정인 것(미수이자, 미수임대료 등)으로서 기말 결산 시 발생주의에 따라 추가 계상하는 수익상당액
선급금	계약금 성격으로 미리 지급한 대금
선급비용	당기에 지급한 비용 중 차기 비용에 해당하는 부분(선급이자, 선급임차료, 선급보험료 등)으로서 기말 결산 시 발생주의에 따라 차감하는 비용상당액
소모품	소모품 구입 시 이를 자산으로 처리한 것
가지급금	금전을 지급하였으나 그 내용이 확정되지 않았을 경우 그 내용이 확정될 때까지 임시적으로 사용하는 계정과목
현금과부족	장부상 현금 잔액과 금고에 있는 실제 현금 잔액이 일치하지 않을 경우 그 원인이 밝혀질 때까지 임시적으로 사용하는 계정과목

03 현금, 보통예금, 정기예금, 정기적금

(1) 현금

현금은 기업이 보유하고 있는 자산 중 유동성이 가장 높은 자산이다.

회계상 현금은 지폐나 동전 등의 통화뿐만 아니라 통화처럼 사용할 수 있는 통화대용증권을 포함한다. 예를 들어 거래처로부터 통화대용증권인 자기앞수표를 받은 경우 이는 장부에 현금 계정으로 기록된다.

> • 통화 : 지폐, 동전
> • 통화대용증권 : 자기앞수표, 우편환증서 등

기출포인트

• 우표나 수입인지는 통화대용증권(현금)으로 보지 않고 통신비나 세금과공과 등 비용으로 분류한다.

(2) 보통예금

요구불예금이란 만기가 없이 언제든지 인출할 수 있는 예금을 말하며, 보통예금 계정 등이 여기에 해당한다.

> • 보통예금 : 만기가 없이 수시로 자유로이 입·출금할 수 있는 통장식 은행예금

(3) 정기예금, 정기적금

금융상품이란 금융기관에서 불특정 다수의 고객을 상대로 개발한 정형화된 형태의 상품을 말하며, 정기예금 계정, 정기적금 계정 등이 여기에 해당한다.

> • 정기예금 : 정해진 기간 동안 일정한 금액을 예치한 후 만기가 되면 이자와 원금을 돌려받는 금융 상품
>
> • 정기적금 : 정해진 기간 동안 매월 일정 금액을 불입한 후 만기가 되면 이자와 원금을 돌려받는 금융상품

04 자기앞수표

(1) 자기앞수표의 정의

자기앞수표란 발행인인 은행이 수표소지인에게 일정한 금액을 지급하겠다는 내용을 기재한 증서를 말한다.

즉, 자기앞수표란 발행인이 은행인 수표를 말하는 것이며, 이는 일상생활에서 현금처럼 사용되고 있는 대표적인 통화대용증권에 해당한다.

자 기 앞 수 표

가가

지급지
주식회사   국민은행 앞   00000000

₩   100,000 (금일십만원정)

이 수표 금액을 소지인에게 지급하여 주십시오.
거절증서 작성을 면제함.

발행지
주식회사 국민은행   년 월 일

아래의 앞뒷면은 전산처리 부분이오니 글씨를 쓰거나 더럽히지 마십시오.

76768294 | 04 | 01121:00 0008 | 13 | 000010000

(2) 자기앞수표의 회계처리

자기앞수표는 통화대용증권이므로 **현금 계정**으로 회계처리한다. 따라서 자기앞수표를 수령하면 현금 계정을 차변으로(자산의 증가), 보유하고 있던 자기앞수표를 대금 결제에 사용하면 현금 계정을 대변으로(자산의 감소) 회계처리한다.

(차) 현금	xxx	(대) [계정명]	xxx
[사례] 상품을 6,000원에 판매하고 자기앞수표를 받았다.			
(차) 현금	6,000	(대) 상품매출	6,000

(차) [계정명]	xxx	(대) 현금	xxx
[사례] 상품을 3,000원에 구입하고 대금은 보유하고 있던 자기앞수표로 지급하였다.			
(차) 상품	3,000	(대) 현금	3,000

05 어음

(1) 어음의 정의

어음(약속어음)이란 발행인이 미래의 일정한 날짜에 어음상의 수취인 또는 어음소지인에게 일정한 금액을 지급하겠다는 내용을 기재한 증서를 말한다.

약 속 어 음

㈜루비전자 귀하   가가00000000

금   오백만원정   **5,000,000원**

위의 금액을 귀하 또는 귀하의 지시인에게 지급하겠습니다.

지급기일 20x1년 9월 30일   발행일 20x1년 4월 1일
지 급 지 우리은행   발행지
지급장소 구로지점   주 소
    발행인 ㈜한국상사

00000000| 23 | 13 | 000010000

참고 | 전자어음

최근에는 실무에서 어음을 발행할 때 종이어음 형태가 아니라 대부분 전자어음 형태로 발행하고 있다. 전자어음이란 작성자의 신원을 확인할 수 있는 공인인증시스템을 거쳐 정보통신망으로 발급하는 어음을 말한다.

(2) 분류

어음을 타인으로부터 수령하면 향후에 돈을 받을 수 있으므로 이는 수취채권(받을 돈)에 해당하고, 어음을 타인에게 발행하면 향후에 돈을 지급해야 하므로 이는 지급채무(줄 돈)에 해당한다.

(3) 수표와 어음의 차이점

수표소지인과 어음소지인은 모두 증서에 기재된 금액을 받을 수 있다는 공통점이 있지만, 그 시기를 보면 수표소지인은 지금 즉시 받을 수 있는 반면, 어음소지인은 어음의 만기가 되어야 받을 수 있다는 점에서 차이가 있다.

(4) 외상거래와 어음거래의 차이점

어음이라는 증서는 제3자에게 양도가 가능하므로, 어음소지인은 어음의 만기가 되기 전에 자금을 유통할 수 있다는 장점이 있다.

예를 들어, A사가 B사에게 물건을 팔고 대금은 인도일로부터 일정 기간 후에 받기로 했을 때, 어음을 발행하지 않는 단순 외상거래인 경우라면 A사는 대금을 받기로 한 날까지 기다렸다가 B사로부터 돈을 직접 받아야 한다. 이와 달리 B사가 A사에게 어음을 발행한 경우라면 A사는 제3자인 C사에게 어음을 양도하면서 대금을 지불할 수 있으므로 어음의 만기 전이라도 자금을 유통할 수 있다.

06 수취채권과 지급채무

수취채권(채권)이란 타인에게 재화, 용역, 금전을 제공한 대가로 청구할 수 있는 권리(즉, 받을 돈)를 말한다.

지급채무(채무)란 타인에게 재화, 용역, 금전을 제공받은 대가로 지급하여야 할 의무(즉, 줄 돈)를 말한다.

일반적인 상거래란 기업의 사업 목적을 달성하기 위한 계속적·반복적 영업활동(즉, **주된 영업활동**)에서 발생하는 거래를 말한다. 도·소매업을 영위하는 기업의 경우 상품을 구입하는 거래(재고자산의 취득)와 상품을 판매하는 거래(재고자산의 처분)가 이에 해당한다.

수취채권과 지급채무에 대하여 사용하는 계정과목은 다음과 같다.

구 분		수취채권 (자산)	지급채무 (부채)
일반적인 상거래	외 상	외상매출금	외상매입금
	어 음	받을어음	지급어음
일반적인 상거래 이외의 거래	외 상	미수금	미지급금
	어 음		
금전대차거래		대여금	차입금

일반적인 상거래 이외의 거래에서 어음을 수령하는 경우				
(차) 미수금	xxx	(대) [계정명]		xxx
[사례] 사용하던 토지(장부금액 : 50,000원)를 50,000원에 매각하고 어음을 받았다.				
(차) 미수금	50,000	(대) 토지		50,000

일반적인 상거래 이외의 거래에서 어음을 발행하여 지급하는 경우				
(차) [계정명]	xxx	(대) 미지급금		xxx
[사례] 사무실에서 사용할 비품을 4,000원에 구입하고 대금은 어음을 발행하여 지급하였다.				
(차) 비품	4,000	(대) 미지급금		4,000

기출포인트

- 일반적인 상거래 이외의 거래(예 유형자산의 처분이나 구입)에서는 어음을 수령하거나 발행하더라도 이를 받을어음 계정이나 지급어음 계정이 아니라 **미수금 계정**이나 **미지급금 계정**으로 회계처리한다.

07 매출채권

매출채권이란 기업의 주된 영업활동(일반적인 상거래)인 상품매출을 하고 획득한 금전적인 권리를 통틀어 나타내는 개념으로서 '외상매출금 + 받을어음'으로 구성되어 있다.

기업 내부적으로 회계처리를 할 때는 외상매출금 계정과 받을어음 계정을 사용하고, 외부보고용 재무제표를 작성할 때는 매출채권 계정으로 통합 표시한다.

(1) 외상매출금

외상매출금이란 기업의 주된 영업활동인 상품매출을 하고 아직 받지 않은 외상대금을 말한다.

① 외상판매

(차) 외상매출금	xxx	(대) 상품매출	xxx

[사례] 상품을 10,000원에 판매하고 3,000원은 현금으로 받고 나머지는 다음 달 10일에 받기로 하였다.

(차) 현금	3,000	(대) 상품매출	10,000
외상매출금	7,000		

② 외상매출금의 회수

(차) [계정명]	xxx	(대) 외상매출금	xxx

[사례] 외상매출금 7,000원을 현금으로 회수하였다.

(차) 현금	7,000	(대) 외상매출금	7,000

(2) 받을어음

받을어음이란 기업의 주된 영업활동인 상품매출을 하고 이에 대한 대금으로 상대방으로부터 받은 어음을 말한다.

받을어음을 수령한 기업은 어음의 만기까지 기다렸다가 금액을 회수(추심)할 수도 있지만, 대금 지불 수단으로 다른 기업에 양도(배서양도)하거나 은행에서 현금화(할인)함으로써 만기가 되기 전에 자금을 유통할 수도 있다.

① 받을어음의 수령

당사가 상품매출을 하고 이에 대한 대금으로 상대방이 발행하였거나 상대방이 보유하고 있던 어음(타인발행 약속어음)을 수령하면 받을어음 계정으로 회계처리한다.

(차) 받을어음	xxx	(대) 상품매출	xxx
[사례] 상품을 5,000원에 판매하고 약속어음을 받았다.			
(차) 받을어음	5,000	(대) 상품매출	5,000

② 받을어음의 추심

어음의 만기가 되면 어음소지인은 어음에 기재된 지급장소에서 어음을 제시하여 어음에 기재된 금액을 받을 수 있다. 그러나 일반적으로는 어음소지인이 어음상의 지급장소로 직접 방문하지 않고 자신의 거래 은행에 이러한 대금 회수 업무를 위임하는데, 위임을 받은 은행이 어음의 대금을 회수하는 것을 추심이라고 한다.

어음을 양도할 때에는 어음의 뒷면에 양도자의 인적사항을 기재하게 되는데, 이를 배서라고 한다. 거래 은행에 추심을 의뢰할 때에도 배서를 하기 때문에 실무에서는 추심의뢰를 추심위임배서라고 부르기도 한다.

어음소지인이 거래 은행에 추심을 의뢰하면서 지급하는 수수료는 수수료비용 계정(비용)으로 회계처리한다.

(차) [계정명]	xxx	(대) 받을어음	xxx
수수료비용	xxx		
[사례] 상품매출 대금으로 받아 보유 중이던 타인발행 약속어음 5,000원의 만기일이 도래하여 거래 은행에 추심을 의뢰하고 추심료 100원을 차감한 잔액을 현금으로 받았다.			
(차) 현금	4,900	(대) 받을어음	5,000
수수료비용	100		

③ 받을어음의 배서양도

배서양도란 어음소지인이 다른 기업에 대금을 지불하기 위하여 자신이 보유하고 있던 타인발행 약속어음을 어음의 만기가 되기 전에 배서하여 양도하는 것을 말한다.

(차) [계정명]	xxx	(대) 받을어음	xxx
[사례] 강원상사에 대한 외상매입금 6,000원을 결제하기 위하여, 제주상사로부터 상품매출 대금으로 받아 보유 중이던 약속어음 5,000원을 강원상사로 배서양도하고, 나머지 1,000원은 현금으로 지급하였다.			
(차) 외상매입금	6,000	(대) 받을어음	5,000
		현금	1,000

④ 받을어음의 할인

어음의 할인이란 어음소지인이 어음의 만기가 되기 전에 이를 현금화시키기 위하여 은행에 배서 양도하는 것을 말한다.

어음을 할인하면 어음소지인은 어음에 기재된 금액에서 만기까지 남은 기간에 대한 선이자를 차감한 금액을 받게 되는데, 이러한 선이자를 할인료라고 한다.

어음의 할인 거래는 일반적으로 수취채권의 매각거래로 보므로, 어음소지인이 어음을 할인하면서 지급하는 할인료는 매출채권처분손실 계정(비용)으로 회계처리한다.

(차) [계정명]	xxx	(대) 받을어음	xxx
매출채권처분손실	xxx		
[사례] 만기가 2개월 남은 받을어음 5,000원을 할인하고 할인료 400원을 차감한 잔액을 현금으로 받 았다. (매각거래로 가정함)			
(차) 현금	4,600	(대) 받을어음	5,000
매출채권처분손실	400		

(1) 단기대여금

단기대여금이란 금전대차거래에 따라 차용증서 등을 받고 타인에게 빌려준 금전으로서 만기가 **회계 기간 종료일**로부터 1년 이내에 도래하는 것을 말한다. 만기가 회계기간 종료일로부터 1년 이후에 도래하는 경우에는 장기대여금으로 분류한다.

① 대여

(차) 단기대여금	xxx	(대) [계정명]	xxx
[사례] 거래처에 6개월 만기로 현금 50,000원을 대여하였다.			
(차) 단기대여금	50,000	(대) 현금	50,000

② 원금과 이자의 회수

(차) [계정명]	xxx	(대) 단기대여금	xxx
		이자수익	xxx
[사례] 거래처에 6개월 만기로 빌려주었던 대여금의 만기가 도래하여 원금 50,000원과 이자 2,000원을 현금으로 회수하였다.			
(차) 현금	52,000	(대) 단기대여금	50,000
		이자수익	2,000

기출포인트

- 단기대여금은 회계기간 종료일로부터 만기가 1년 이내에 도래하는 것이므로, 전체 대여기간이 1년을 초과하는 대여금도 경우에 따라 단기대여금으로 분류될 수 있다.

- 예를 들어 20x1년 4월 1일에 빌려준 18개월 만기 대여금의 경우, 만기(20x2. 9. 30.)가 회계기간 종료일(20x1. 12. 31.)로부터 1년 이내이므로 회사는 대여일에 이를 단기대여금 계정으로 회계처리한다.

(2) 미수금

미수금이란 일반적인 상거래 이외의 거래(예 사용하던 기계장치의 매각)에서 발생한 외상대금을 말한다.

일반적인 상거래 이외의 거래에서는 타인발행 약속어음을 수령하더라도 이를 받을어음 계정이 아니라 미수금 계정으로 회계처리한다.

① 외상 매각

(차) 미수금	xxx	(대) [계정명]	xxx
[사례] 사용하던 토지(장부금액 : 600,000원)를 600,000원에 외상으로 매각하였다.			
(차) 미수금	600,000	(대) 토지	600,000

② 어음 수령

(차) 미수금	xxx	(대) [계정명]	xxx
[사례] 사용하던 토지(장부금액 : 600,000원)를 600,000원에 매각하고 약속어음을 받았다.			
(차) 미수금	600,000	(대) 토지	600,000

③ 미수금의 회수

(차) [계정명]	xxx	(대) 미수금	xxx
[사례] 사용하던 토지를 매각하고 발생한 외상대금 600,000원을 현금으로 회수하였다.			
(차) 현금	600,000	(대) 미수금	600,000

(3) 선급금

선급금이란 계약금 성격으로 미리 지급한 대금을 말한다.

① 계약금 선지급

(차) 선급금	xxx	(대) [계정명]	xxx
[사례] 공급처에 상품 20,000원을 구입 주문하고 계약금 4,000원을 현금으로 지급하였다.			
(차) 선급금	4,000	(대) 현금	4,000

② 상품 인수

(차) 상품	xxx	(대) 선급금	xxx
		[계정명]	xxx
[사례] 구입 주문했던 상품 20,000원이 창고에 입고되어 계약금 4,000원을 제외한 잔액을 현금으로 지급하였다.			
(차) 상품	20,000	(대) 선급금	4,000
		현금	16,000

(4) 가지급금

가지급금이란 금전을 지급하였으나 그 내용이 확정되지 않았을 경우 그 내용이 확정될 때까지 임시적으로 사용하는 계정과목을 말한다.

가지급금은 그 내용이 확정되면 적절한 계정과목으로 대체하여야 하며, 대표적인 미결산항목에 해당하므로 기말 결산 때까지는 반드시 적절한 계정과목으로 대체하여 최종 재무제표에는 나타나지 않도록 하여야 한다.

① 가지급

(차) 가지급금	xxx	(대) [계정명]	xxx
[사례] 영업사원에게 출장을 명하고 출장비 예상액 50,000원을 현금으로 지급하였다.			
(차) 가지급금	50,000	(대) 현금	50,000

② 내용 확정

(차) [계정명]	xxx	(대) 가지급금	xxx
[사례] 출장 후 복귀한 영업사원으로부터 어림잡아 지급했던 금액 50,000원 중 40,000원은 교통비 및 숙박비 지출증빙을 제출받아 확인하고 남은 금액 10,000원은 현금으로 반환받았다.			
(차) 여비교통비	40,000	(대) 가지급금	50,000
현금	10,000		

(5) 현금과부족

현금과부족이란 장부상 현금 잔액과 금고에 있는 실제 현금 잔액이 일치하지 않을 경우 그 원인이 밝혀질 때까지 임시적으로 사용하는 계정과목을 말한다.

현금과부족은 그 원인이 규명되면 적절한 계정과목으로 대체하여야 하며, 기말 결산 때까지 그 원인이 밝혀지지 않을 경우에는 잡이익 계정(수익)이나 잡손실 계정(비용)으로 대체한다.

① 현금과잉 : 실제 현금 잔액 > 장부상 현금 잔액

• 현금과잉 발생

(차) 현금	xxx	(대) 현금과부족	xxx

[사례] 20x1년 4월 1일 현재 장부상 현금 잔액은 50,000원이나 금고에 있는 실제 현금 잔액은 60,000원이다.

20x1. 4. 1. (차) 현금	10,000	(대) 현금과부족	10,000

• 원인 규명분 계정 대체

(차) 현금과부족	xxx	(대) [계정명]	xxx

[사례] 20x1년 4월 15일 월초에 발견되었던 현금과잉액 중 8,000원은 이자수익을 회수한 것에 대한 회계처리 누락임을 확인하였다.

20x1. 4. 15. (차) 현금과부족	8,000	(대) 이자수익	8,000

• 기말 결산 시 원인 불명분 계정 대체

(차) 현금과부족	xxx	(대) 잡이익	xxx

[사례] 20x1년 12월 31일 기말 결산 시까지 현금과잉액 2,000원의 원인이 밝혀지지 않았다.

20x1. 12. 31.(차) 현금과부족	2,000	(대) 잡이익	2,000

② 현금부족 : 실제 현금 잔액 < 장부상 현금 잔액

- 현금부족 발생

(차) 현금과부족	xxx	(대) 현금	xxx
[사례] 20x1년 9월 1일 현재 장부상 현금 잔액은 50,000원이나 금고에 있는 실제 현금 잔액은 43,000원이다.			
20x1. 9. 1. (차) 현금과부족	7,000	(대) 현금	7,000

- 원인 규명분 계정 대체

(차) [계정명]	xxx	(대) 현금과부족	xxx
[사례] 20x1년 9월 15일 월초에 발견되었던 현금부족액 중 4,000원은 이자비용을 지급한 것에 대한 회계처리 누락임을 확인하였다.			
20x1. 9. 15. (차) 이자비용	4,000	(대) 현금과부족	4,000

- 기말 결산 시 원인 불명분 계정 대체

(차) 잡손실	xxx	(대) 현금과부족	xxx
[사례] 20x1년 12월 31일 기말 결산 시까지 현금부족액 3,000원의 원인이 밝혀지지 않았다.			
20x1. 12. 31.(차) 잡손실	3,000	(대) 현금과부족	3,000

참고 가지급금·가수금 vs 현금과부족

가지급금	누구에게 금전을 지급하였는지는 알고 있으나 그 내용이 확정되지 않았을 때 사용한다.
가수금	누구로부터 금전을 받았는지는 알고 있으나 그 내용이 확정되지 않았을 때 사용한다.
현금과부족	장부상 현금 잔액과 금고에 있는 실제 현금 잔액이 일치하지 않고, 누구에게 지급하였거나 누구로부터 받았는지도 모를 때 사용한다.

기출분개연습

01 1월 1일 거래처 평창완구에 상품 1,500,000원을 판매하고 대금은 전액 자기앞수표로 받았다.
[전산회계 2급 제42회 수정]

02 1월 2일 진미상사로부터 상품 1,000,000원을 매입하고, 대금 중 400,000원은 소유하고 있던 자기앞수표로 지급하고 나머지는 보통예금으로 지급하였다.
[전산회계 2급 특별회차(15'년 8월)]

03 1월 3일 운동랜드에 상품 5,000,000원을 매출하고 대금 중 3,000,000원은 동점 발행 약속어음(만기일 올해 4월 3일)으로 받고, 잔액은 1개월 후에 받기로 하였다.
[전산회계 2급 제44회]

04 1월 4일 거래처 영남상회로부터 외상매출금 중 5,000,000원은 현금으로 회수하고, 10,000,000원은 보통예금 통장으로 입금받았다.
[전산회계 2급 제50회]

05 1월 5일 거래처 일제자전거에 상품을 판매하고 받았던 약속어음 12,000,000원을 거래 은행에 추심 의뢰하여 추심료 30,000원을 차감한 잔액이 당사 보통예금 계좌에 입금되었음을 통보받았다.
[전산회계 2급 제50회]

06 1월 6일 제일문구에서 상품 500,000원을 매입하고 대금은 상품매출 대금으로 받아 보유 중이던 삼미상사 발행의 약속어음을 배서양도하여 결제하였다. [전산회계 2급 제43회]

07 1월 7일 거래처 태안상회로부터 상품매출 대금으로 받아 보관 중이던 약속어음 1,000,000 원을 만기 전에 거래 은행으로부터 할인받고, 할인료 38,000원을 차감한 금액을 보통예금 통장으로 입금받았다. (단, 할인된 어음은 매각거래로 가정한다) [전산회계 2급 제51회]

정답 및 해설

01 1월 1일 (차) 현금[1] 1,500,000 (대) 상품매출 1,500,000
[1] 자기앞수표는 통화대용증권에 해당하므로 '현금' 계정으로 회계처리한다.

02 1월 2일 (차) 상품 1,000,000 (대) 현금[1] 400,000
　　　　　　　　　　　　　　　　　　　　보통예금 600,000
[1] 자기앞수표는 통화대용증권에 해당하므로 '현금' 계정으로 회계처리한다.

03 1월 3일 (차) 받을어음 3,000,000 (대) 상품매출 5,000,000
　　　　　　　외상매출금 2,000,000

04 1월 4일 (차) 현금 5,000,000 (대) 외상매출금 15,000,000
　　　　　　　보통예금 10,000,000

05 1월 5일 (차) 보통예금 11,970,000 (대) 받을어음 12,000,000
　　　　　　　수수료비용 30,000

06 1월 6일 (차) 상품 500,000 (대) 받을어음 500,000

07 1월 7일 (차) 보통예금 962,000 (대) 받을어음 1,000,000
　　　　　　　매출채권처분손실 38,000

08 1월 8일 ㈜대한에 9,000,000원을 15개월 후 회수조건으로 대여하기로 하고 보통예금 계좌에서 이체하였다. [전산세무 2급 제87회]

09 1월 9일 거래처 연수상사에 대여했던 단기대여금 3,000,000원과 이자 30,000원이 보통예금 계좌에 입금되었다. [전산회계 2급 제73회]

10 1월 10일 세운상사에서 상품 3,000,000원을 매입하기로 계약하고, 이 중 매입금액의 20%를 계약금 명목으로 당사 보통예금 계좌에서 이체하였다. [전산회계 2급 제58회]

11 1월 11일 동일상사에서 상품 3,400,000원을 매입하고, 2주 전에 지급한 계약금 300,000원을 차감한 잔액을 전액 보통예금에서 송금하였다. [전산회계 2급 특별회차(16'년 2월)]

12 1월 12일 경북지방에 판로를 개척하기 위하여 1주일간 영업사원을 출장 보내면서 현금 500,000원을 지급하고 내역은 출장에서 돌아온 후 정산하기로 하였다. [전산회계 2급 제40회]

13 1월 13일 지방 출장을 마치고 돌아온 영업부 직원 김성실로부터 출장 전에 지급했던 금액 600,000원에 대하여 다음과 같이 지출증명서류를 받고 차액은 현금으로 회수하였다.

[전산회계 2급 제54회]

· 교통비 : 90,000원	· 숙박비 : 180,000원

14 1월 14일 현금 잔고를 확인한 결과 장부상 잔액보다 실제 잔고가 100,000원 더 적은 것을 발견하였으나 그 원인이 밝혀지지 않았다.

[전산회계 2급 제55회]

정답 및 해설

08 1월 8일 (차) 단기대여금[1] 9,000,000 (대) 보통예금 9,000,000
[1] 전체 대여기간은 1년을 초과하나, 만기가 결산일(당해연도 12월 31일)로부터 1년 이내에 도래하므로 유동자산에 해당하는 '단기대여금' 계정으로 회계처리한다.

09 1월 9일 (차) 보통예금 3,030,000 (대) 단기대여금 3,000,000
이자수익 30,000

10 1월 10일 (차) 선급금 600,000 (대) 보통예금 600,000

11 1월 11일 (차) 상품 3,400,000 (대) 선급금 300,000
보통예금 3,100,000

12 1월 12일 (차) 가지급금 500,000 (대) 현금 500,000

13 1월 13일 (차) 여비교통비 270,000 (대) 가지급금 600,000
현금 330,000

14 1월 14일 (차) 현금과부족 100,000 (대) 현금 100,000

핵심기출문제

01 다음은 ○○㈜의 [거래와 분개]를 나타낸 것이다. (가), (나)에 들어갈 계정과목으로 옳은 것은?

[18' 대입수능]

[거래와 분개]

8월 23일 업무용 프린터 1대를 ₩500,000에 구입하고 대금은 월말에 지급하기로 하다.
　　　　　　　(차) 비품　　　　　500,000　　　(대)　(가)　　　　　500,000

10월 13일 상품 ₩100,000을 매출하고 대금은 3개월 만기의 거래처 발행 약속어음으로 받다.
　　　　　　　(차)　(나)　　　100,000　　　(대) 매출　　　　　100,000

	(가)	(나)		(가)	(나)
①	미지급금	받을어음	②	미지급금	지급어음
③	외상매입금	받을어음	④	외상매입금	지급어음
⑤	외상매입금	가지급금			

02 다음은 ○○전자㈜와 △△㈜의 [거래] 및 이에 대한 [각 기업별 분개]를 나타낸 것이다. (가)에 들어갈 계정과목으로 옳은 것은?

[19' 대입수능]

[거래]

8월 8일 ○○전자㈜는 △△㈜에 컴퓨터 ₩3,000,000을 매출하고 대금 중 ₩1,000,000은 현금으로 받고 잔액은 1개월 후에 받기로 하다.

[각 기업별 분개]

날 짜	구 분	차 변		대 변	
8월 8일	○○전자㈜	현금	1,000,000	매출	3,000,000
		xxx	2,000,000		
	△△㈜	비품	3,000,000	현금	1,000,000
				(가)	2,000,000

① 미수금　　② 미지급금　　③ 받을어음　　④ 외상매입금　　⑤ 외상매출금

정답 및 해설

01 ①　• 8월 23일　(차) 비품　　　　　　　500,000　　(대) 미지급금 (가)[1]　　　500,000

　　　　　　[1] 비품 구입은 일반적인 상거래 이외의 거래이므로 지급할 외상대금에 대하여 미지급금 계정으로 회계처리한다.

　　　• 10월 13일　(차) 받을어음 (나)[2]　　　100,000　　(대) 상품매출　　　　　　100,000

　　　　　　[2] 상품매출은 일반적인 상거래(기업의 주된 영업활동)이므로 대금으로 받은 약속어음에 대하여 받을어음 계정으로 회계처리한다.

02 ②　• ○○전자㈜ (상품매출)

　　　　8월 8일　(차) 현금　　　　　　　　1,000,000　　(대) 상품매출　　　　　　3,000,000

　　　　　　　　　외상매출금[1]　　　　　2,000,000

　　　　　　[1] 상품매출은 일반적인 상거래(기업의 주된 영업활동)이므로 수취할 외상대금에 대하여 외상매출금 계정으로 회계처리한다.

　　　• △△㈜ (비품 구입)

　　　　8월 8일　(차) 비품　　　　　　　　3,000,000　　(대) 현금　　　　　　　　1,000,000

　　　　　　　　　　　　　　　　　　　　　　　　　　　미지급금 (가)[2]　　　2,000,000

　　　　　　[2] 비품 구입은 일반적인 상거래 이외의 거래이므로 지급할 외상대금에 대하여 미지급금 계정으로 회계처리한다.

03 다음은 ○○㈜의 10월 11일 상품 주문과 관련된 거래이다. 이를 ○○㈜가 분개한 것으로 옳은
것은? [14' 대입수능]

> 10월 11일 △△㈜에게 상품 ₩700,000을 주문하고 계약금 ₩70,000을 현금으로 지급하다.

① (차) 현금　　　　70,000　　　(대) 가수금　　　70,000
② (차) 현금　　　　70,000　　　(대) 선수금　　　70,000
③ (차) 현금　　　　70,000　　　(대) 선급금　　　70,000
④ (차) 선수금　　　70,000　　　(대) 현금　　　　70,000
⑤ (차) 선급금　　　70,000　　　(대) 현금　　　　70,000

04 다음은 ○○㈜의 [현금 관련 자료]이다. (가)의 금액과 (나)에 들어갈 계정과목으로 옳은 것은?
(단, 회계기간은 매년 1월 1일부터 12월 31일까지이고, 제시된 자료 외의 것은 고려하지 않는다)

[현금 관련 자료]
• 11월 30일
  – 현금 장부 잔액   (가)
  – 현금 실제 잔액 ₩500,000

• 12월 31일
  – 결산 시 현금과부족 계정 잔액의 원인은 밝혀지지 않음

현금과부족

12/4	이자수익	70,000	11/30	현금	100,000
12/31	(나)	30,000			
		100,000			100,000

	(가)	(나)		(가)	(나)
①	₩400,000	잡손실	②	₩400,000	잡이익
③	₩430,000	잡손실	④	₩600,000	잡손실
⑤	₩600,000	잡이익			

정답 및 해설

03 ⑤   계약금 성격으로 대금을 미리 지급하는 경우, 차변을 선급금 계정으로 회계처리한다.

04 ②   • 현금과잉 발생

11월 30일	(차) 현금	100,000	(대) 현금과부족	100,000

    → 현금과잉 = 실제 현금 잔액 – 장부상 현금 잔액
    → 100,000 = 500,000 – ?
    ∴ 장부상 현금 잔액 (가) = 400,000원

  • 원인 규명분 계정 대체

12월 4일	(차) 현금과부족	70,000	(대) 이자수익	70,000

  • 기말 결산 시 원인 불명분 계정 대체

12월 31일	(차) 현금과부족	30,000	(대) 잡이익 (나)	30,000

제2절 | 재고자산

01 재고자산

(1) 재고자산의 정의

재고자산이란 기업의 주된 영업활동에서 ㉠ 판매를 목적으로 보유하고 있는 자산(상품, 제품), ㉡ 판매를 목적으로 생산과정에 있는 자산(재공품, 반제품), ㉢ 판매할 자산의 생산과정에 투입될 자산(원재료, 저장품)을 말한다.

재고자산은 해당 기업의 업종에 따라 범위가 달라질 수 있다. 예를 들어, 토지나 건물은 영업활동에 사용할 목적으로 보유하는 유형자산으로 분류되는 것이 일반적이나, 부동산매매업을 주업으로 하는 기업이 판매를 목적으로 토지나 건물을 구입하여 보유하고 있다면 이는 재고자산으로 분류된다.

도·소매업을 영위하는 기업(상기업)에서 재고자산에 해당하는 계정과목은 상품이다. 상품이란 기업의 주된 영업활동으로서 외부에서 완성품 형태로 구입하여 추가가공 없이 재판매하는 물품을 말한다. 상기업의 재무상태표상 재고자산은 기말 현재 판매되지 않고 남아 있는 상품의 가액이 된다.

제조업을 영위하는 기업(제조기업)에서 재고자산에 해당하는 계정과목은 원재료, 재공품, 제품 등이다. 제품이란 기업의 주된 영업활동으로서 판매하기 위하여 직접 제조하여 만든 물품을 말한다. 제조기업의 재무상태표상 재고자산은 기말 현재 남아 있는 원재료 잔량, 미완성된 재공품, 판매되지 않은 제품의 가액 등으로 구성된다.

(2) 재고자산에 해당하는 계정과목

계정과목	내 용
상 품	상기업의 주된 영업활동으로서 판매할 목적으로 외부로부터 구입한 물품
제 품	제조기업의 주된 영업활동으로서 판매할 목적으로 재료비, 노무비, 제조경비를 투입하여 제조한 생산품
재공품	재료비, 노무비, 제조경비를 투입하여 제조 과정에 있는 미완성품 (완성된 제품은 아니나 현재 상태에서도 판매 가능한 재공품인 반제품도 포함)
원재료	제품을 만들기 위하여 구입한 원료
저장품	생산과정에 투입될 소모품, 수선용 부분품 등으로서 비용으로 처리하지 않고 재고자산으로 처리한 것

매입환출	구입한 상품 중 하자나 파손이 발견되어 해당 물품을 반품하는 것 참고 상품의 차감계정
매입에누리	구입한 상품 중 하자나 파손이 발견되어 값을 깎는 것 참고 상품의 차감계정
매입할인	상품의 구매자가 외상매입대금을 조기에 지급하여 약정에 따라 할인받는 것 참고 상품의 차감계정

02 주된 영업활동에 대한 회계처리

(1) 주된 영업활동에 대한 회계처리방법

기업이 주된 영업활동(일반적인 상거래)을 하여 얻는 수익을 매출이라고 하며 이러한 매출을 창출하기 위하여 투입된 원가로서 매출에 직접 대응되는 비용을 매출원가라고 한다.

제조기업은 구입한 원재료에 노무비와 제조경비를 투입한다는 점에서 상기업과 차이가 있지만, 매출과 매출원가를 인식하는 원리는 기본적으로 상기업과 제조기업이 동일하며, 이하에서는 상기업을 전제로 하여 설명하기로 한다.

상기업의 주된 영업활동은 상품을 싸게 사와서 그 상품에 이윤을 붙여서 파는 거래이다.

주된 영업활동에 대하여 회계처리하는 방법을 살펴보면, 이론적으로는 '처분손익만 표시하는 방법(1분법)'과 '매출과 매출원가를 모두 표시하는 방법(2분법)' 두 가지가 있을 수 있는데, 일반적으로 인정된 회계원칙(GAAP)에서는 이 중 후자의 방법(2분법)으로 회계처리하도록 하고 있다.

처분손익만 표시하는 방법 (1분법)	• **주된 영업활동이 아닌 자산의 매매거래**(예 유형자산의 구입·처분)에 사용되는 회계처리방법 • 판매할 때마다 처분손익을 인식함
매출과 매출원가를 모두 표시하는 방법 (2분법)	• **주된 영업활동인 상품의 매매거래**에 사용되는 회계처리방법 • 판매할 때에는 매출(수익)만 인식하고, 매출원가(비용)는 기말 결산 시점에 인식함

(2) 1분법 및 2분법에 의한 상품 매매거래의 회계처리

상기업인 A사의 제2기 회계연도에 다음과 같은 거래가 발생했을 때 이를 분개하여 보자.

> - 기초재고 : 20x1년 1월 1일 기초 현재. 전기로부터 이월된 상품 1개가 있으며 당초 취득원가는 80원이었다.
> - 당기매입 : 20x1년 2월 15일 상품 10개를 개당 100원에 현금으로 구입하였다.
> - 당기매출 : 20x1년 3월 20일 전기에 구입했던 상품(개당 원가 80원) 1개와 당기에 구입한 상품(개당 원가 100원) 8개를 합한 총 9개를 개당 110원에 현금으로 판매하였다.
> - 기말재고 : 20x1년 12월 31일 기말 현재. 상품 2개가 판매되지 않고 남아 있으며 취득원가는 개당 100원이었다.

① 처분손익만 표시하는 방법 (1분법)

- 기초재고 : 기초 재무상태표상 재고자산 금액은 80원으로 계상되어 있다.

- 당기매입 : 자산의 취득으로 회계처리한다.

  20x1. 2. 15. (차) 상품   1,000   (대) 현금   1,000

- 당기매출 : 처분금액으로 받는 현금 계정과목 등을 차변으로(자산의 증가 등), 상품 계정과목의 처분 전 장부금액을 대변으로(자산의 감소) 회계처리한다. 처분금액과 처분 전 장부금액의 차이만큼 처분손익을 인식한다.

  20x1. 3. 20. (차) 현금   990[1)]   (대) 상품   880[2)]
  　　　　　　　　　　　　　　　　　　　　　　　　　　　　　　　　　　상품처분이익   110[3)]

    [1)] 처분금액 = 9개 × @110원 = 990원

    [2)] 처분 전 장부금액 = (1개 × @80원) + (8개 × @100원) = 880원

    [3)] 처분금액 − 처분 전 장부금액 = 990 − 880 = 110원

- 기말재고 : 기말 결산 시 별도의 기말수정분개가 필요 없으며, 기말재고자산 금액은 200원[4)] (= 2개×@100원)이 남아 있다.

    [4)] 기초재고 + 당기매입 − 당기판매분 = 80 + 1,000 − 880 = 200원

② 매출과 매출원가를 모두 표시하는 방법 (2분법)

- 기초재고 : 기초 재무상태표상 재고자산 금액은 80원으로 계상되어 있다.
- 당기매입 : 자산의 취득으로 회계처리한다.

(차) 상품	xxx	(대) [계정명]	xxx
20x1. 2. 15.(차) 상품	1,000	(대) 현금	1,000

- 당기매출 : 차변에는 처분금액으로 받는 현금 계정과목 등으로(자산의 증가 등) 회계처리하고, 대변에는 동일한 금액을 상품매출 계정과목으로(수익의 발생) 회계처리한다. 상품 계정의 감소 및 그에 따른 비용을 인식하지 않고, 처분금액 전체에 대하여 수익만 인식한다.

(차) [계정명]	xxx	(대) 상품매출	xxx
20x1. 3. 20.(차) 현금	990	(대) 상품매출	990[1]

[1] 처분금액 = 9개 × @110원 = 990원

- 기말재고 : 기말 결산 시 기말재고를 파악하여 매출원가를 역으로 계산하고, 이 금액만큼 차변에 상품매출원가 계정(비용의 발생)으로, 대변에 상품 계정으로(자산의 감소) 회계처리한다. 이러한 기말수정분개에 따라 기말재고자산 금액은 200원(= 2개×@100원)이 남게 된다.

(차) 상품매출원가	xxx	(대) 상품	xxx
20x1. 12. 31.(차) 상품매출원가	880[2]	(대) 상품	880

[2] 기초재고 + 당기매입 − 기말재고 = 80 + 1,000 − 200 = 880원

참고 3분법

- 이론적으로 보면, 위에서 소개한 2분법 외에 3분법이라는 방법도 있을 수 있다. 물론 실무에서는 사용되지 않으나 이론 시험에서 가끔 등장하는 경우가 있으므로 3분법의 개념을 간단히 소개한다.
- 3분법이란 상품에 대하여 '상품'과 '매입'이라는 두 가지 계정을 사용하는 방법을 말한다. 3분법에서는 상품에 대하여 기초·기말 재고만 '상품' 계정으로 회계처리하고 기중 매입분은 '매입' 계정으로 회계처리한다.
- 상기 사례를 3분법에 따라 처리한다면, 수정전시산표에서 상품 계정은 차변 잔액 80원(= 기초재고)으로, 매입 계정은 차변 잔액 1,000원(= 당기매입)으로 표시되며, 기말수정분개는 다음과 같다.
  - 20x1. 12. 31. (차) 상품매출원가   80   (대) 상품(기초)   80
  - 20x1. 12. 31. (차) 상품매출원가   1,000   (대) 매입   1,000
  - 20x1. 12. 31. (차) 상품(기말)   200   (대) 상품매출원가   200
- 따라서 수험 목적 차원에서 요약을 하면, 문제의 자료에서 수정전시산표 또는 기말수정분개와 관련하여 '매입'이라는 계정과목이 혹시 있을 때에는 '매입' 계정을 '상품' 계정으로 변환하여 2분법의 결과와 동일하게 만든 다음, 해당 문제에서 요구하는 답을 구하면 된다.

(3) 상품매출원가

상품매출원가란 당기에 팔린 상품들의 당초 구입원가를 말한다.

상품매출원가는 기초상품재고액에서 당기상품매입액을 가산한 후 기말상품재고액을 차감하여 계산한다.

여기서 기초상품재고액과 당기상품매입액을 합한 금액은 분개와 전기를 통하여 상품 계정의 총계정원장에서 차변으로 집계되는데, 이를 판매가능상품 금액이라고 한다.

기말 결산 시점까지 집계된 판매가능상품 금액은 당기에 판매된 부분(상품매출원가)과 기말 현재 판매되지 않고 남아 있는 부분(기말상품재고액)으로 배분된다.

따라서 기말 결산 시 실지재고조사를 통하여 기말상품재고액을 파악한 후 이를 장부상 판매가능상품 금액에서 차감함으로써 상품매출원가를 역산할 수 있는 것이다.

$$상품매출원가 = 기초상품재고액 + 당기상품매입액 - 기말상품재고액$$
$$= \quad 판매가능상품금액 \qquad - \quad 기말상품재고액$$

참고 **상품 계정의 총계정원장**

A사의 제2기 회계연도를 사례로 2분법에 따른 상품 계정의 총계정원장을 작성하여 보면 다음과 같다.

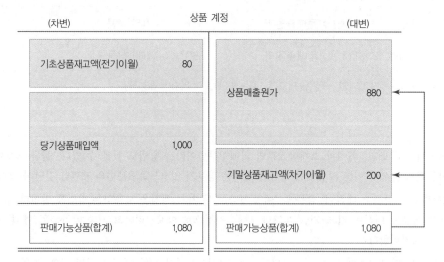

(4) 2분법의 장점

기업의 주된 영업활동에 대하여 '매출과 매출원가를 모두 표시하는 방법(2분법)'으로 회계처리하는 경우, '처분손익만 표시하는 방법(1분법)'과 비교할 때 다음과 같은 장점이 있다.

① 유용한 정보 제공

주된 영업활동에 대하여 단순히 처분손익(상품처분이익)만을 보여주는 것이 아니라, 얼마만큼의 판매(상품매출)가 이루어졌는지 그리고 그 판매에 대응하는 비용(매출원가)은 얼마인지를 보여줌으로써 회계정보이용자에게 보다 유용한 정보를 제공할 수 있다.

손익계산서에는 상품매출에서 상품매출원가를 차감한 매출총이익이 별도로 표시되며 이는 상품처분이익과 동일한 금액이다.

> 매출총이익 = 상품매출 − 상품매출원가 = 상품처분이익

② 실무상 적용 용이

주된 영업활동인 상품의 구입과 판매는 매우 빈번하게 일어나고 동일한 상품이더라도 구입 시점에 따라 그 가격이 달라지기 때문에, 1분법에 따라 판매 시점마다 일일이 상품의 처분 전 장부금액(당초 구입원가)과 처분손익(상품처분이익)을 구하는 것은 현실적으로 어렵다.

반면, 2분법으로 회계처리하는 경우에는 기말 결산 시점에 상품 실지재고조사를 통하여 구입 상품 중에서 당기에 판매된 분을 역으로 계산하고 이를 상품매출원가로 한 번에 계정 대체하기 때문에 실무상 적용이 편리하다.

참고 상품, 상품매출, 상품매출원가의 비교

계정과목	구 분
상 품	자산 (재고자산)
상품매출	수익 (매출액)
상품매출원가	비용 (매출원가)

03 재고자산의 취득원가

(1) 상품의 취득원가

> 취득원가 = 당기(순)매입액
> = 매입가액 + 취득부대비용[1] − 매입환출[2] − 매입에누리[3] − 매입할인[4]

[1] 매입운임, 매입하역료, 매입수수료, 취득세 등 상품을 취득하는 과정에서 정상적으로 발생하는 비용

[2] 구입한 상품 중 하자나 파손이 발견되어 해당 물품을 반품하는 것

[3] 구입한 상품 중 하자나 파손이 발견되어 값을 깎는 것

[4] 상품의 구매자가 외상매입대금을 조기에 지급하여 약정에 따라 할인받는 것

기출포인트

- 상품 취득 시 운송료, 수수료, 제세금 : 자산의 취득과 관련한 취득부대비용이므로 상품의 취득원가에 포함한다.
- 상품 매출 시 운송료, 수수료, 제세금 : 기업의 주된 영업활동인 상품의 매출과 관련하여 발생하는 비용이므로 운반비, 수수료비용, 세금과공과 등 별도의 비용 계정(판매비와관리비)으로 회계처리한다.

(2) 상품의 취득에 대한 회계처리

상품을 취득할 때 취득부대비용은 상품 계정을 사용하여 취득원가에 그대로 합산되도록 회계처리하고, 매입환출·매입에누리·매입할인은 상품의 차감계정을 사용하여 취득원가에서 차감되도록 회계처리한다.

매입환출·매입에누리·매입할인 계정은 기중에 기업 내부적으로 사용하는 상세 계정과목이므로, 기말 결산 시 재무제표를 작성할 때에는 상품 계정에서 직접 차감한다.

① 취득부대비용

(차) 상품	xxx	(대) [계정명]		xxx

[사례] 1월 10일 상품을 20,000원에 외상으로 매입하고 매입운임 1,000원을 현금으로 지급하였다.

1월 10일 (차) 상품	21,000	(대) 외상매입금		20,000
		현금		1,000

② 매입환출 및 매입에누리

(차) 외상매입금	xxx	(대) 매입환출, 매입에누리	xxx

[사례] 1월 12일 이틀 전 매입했던 상품 중에서 일부 파손이 발견되어 외상매입대금 중 5,000원을 깎았다.

1월 12일 (차) 외상매입금	5,000	(대) 매입에누리	5,000

③ 매입할인

(차) 외상매입금	xxx	(대) [계정명]	xxx
		매입할인	xxx

[사례] 1월 18일 8일 전에 매입했던 상품의 외상매입대금 15,000원에 대하여 현금으로 결제하였다. 판매자와의 약정에 따라 조기 결제금액인 15,000원의 2%를 할인받았다.

1월 18일 (차) 외상매입금	15,000	(대) 현금	14,700
		매입할인	300[1]

[1] 15,000원 × 2% = 300원

④ 상품 계정의 당기(순)매입액

= 매입가액 + 취득부대비용 − 매입환출 − 매입에누리 − 매입할인

= 20,000 + 1,000 − 0 − 5,000 − 300

= 15,700원

04 기말재고자산가액의 결정

기말 결산 시 회사는 상품 총계정원장의 차변에 집계된 판매가능상품 금액에서 재고실사로 파악한 기말 상품재고액을 차감하여 상품매출원가를 산출한다. 따라서 기말상품재고액의 결정은 상품매출원가에 영향을 끼침으로써 당기순이익을 달라지게 할 수 있다.

기말재고자산가액(기말상품재고액)은 다음과 같이 결정된다.

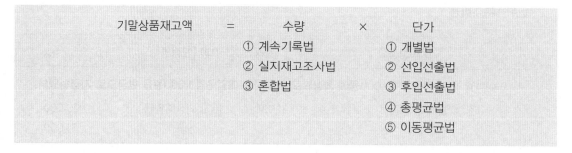

(1) 수량 결정방법

계속기록법	• 기중에 상품의 입고와 출고 수량을 계속적으로 기록하여 기말에 장부에 의하여 수량을 파악하는 방법을 말한다. • 계속기록법에서는 기초재고수량, 당기매입수량, 당기판매수량이 모두 기록되므로 장부상 재고수량은 언제든지 파악할 수 있으나, 실제 재고수량은 조사하지 않으므로 이를 파악할 수 없다.
실지재고조사법	• 기말에 직접 조사를 통하여 실제 재고수량을 파악하는 방법을 말한다. • 실지재고조사법에서는 기중에는 상품의 입고만 기록하고 입고란에 기록된 수량에서 기말에 직접 조사한 실제 수량을 차감하여 판매된 수량을 산출한다. 즉, 기초재고수량과 당기매입수량만 기록되므로 당기판매수량은 기말에 실지재고조사를 마쳐야만 일괄적으로 파악할 수 있다.
혼합법	• 실무에서는 기말재고수량을 파악할 때 **계속기록법과 실지재고조사법을 병행**하고 있는데, 이를 혼합법이라고 한다. • 혼합법에서는 장부상 재고수량과 직접 조사한 실제 재고수량을 모두 알 수 있기 때문에 보관 중에 발생한 **재고감모수량**(도난이나 파손 등)을 파악할 수 있다.

(2) 단가 결정방법 (원가흐름의 가정)

상품의 구입시기에 따라 동일한 상품의 구입단가가 계속하여 변동하는 경우 구입한 상품이 팔리는 순서에 관하여 일정한 가정을 하게 되는데, 이를 원가흐름의 가정이라고 한다.

재고자산의 원가흐름을 어떻게 가정하는가에 따라 매출원가와 기말재고자산가액을 계산할 때 사용되는 단가가 달라지게 된다.

원가흐름의 가정, 즉 기말재고자산의 단가 결정방법은 다음과 같다.

개별법	• 개별 상품 각각에 가격표를 붙여서 개별 물량흐름을 직접 추적하여 출고단가를 산정하는 방법을 말한다. • 가장 정확한 단가 산정방법이나 실무에서 적용하기는 현실적으로 어렵다.
선입선출법	• 먼저 매입(입고)한 상품을 먼저 판매(출고)한다는 가정하에 출고단가를 산정하는 방법을 말한다. (FIFO : First-In-First-Out) • 기말재고자산이 가장 최근 매입분으로 구성되므로 시가에 가깝게 표시된다(장점). 반면, 오래전 매입분이 매출원가로 기록되므로 수익·비용 대응이 적절히 이루어지지 않는다(단점).
후입선출법[1]	• 나중에 매입(입고)한 상품을 먼저 판매(출고)한다는 가정하에 출고단가를 산정하는 방법을 말한다. (LIFO : Last-In-First-Out) • 가장 최근 매입분이 매출원가로 기록되므로 수익·비용 대응이 적절히 이루어진다(장점). 반면, 기말재고자산이 오래전 매입분으로 구성되므로 시가에 가깝게 표시되지 않는다(단점).
총평균법 📍	• 기말에 총입고금액을 총입고수량으로 나누어 총평균단가를 구하고 총평균단가로 출고단가를 산정하는 방법을 말한다. • 공식 $$총평균단가 = \frac{기초재고액 + 당기매입액}{기초재고수량 + 당기매입수량}$$
이동평균법 📍	• 매입할 때마다 새로 입고되는 상품의 매입액과 기존 상품의 장부금액을 합하여 새로운 평균단가(이동평균단가)를 구하고 이동평균단가로 출고단가를 산정하는 방법을 말한다. • 공식 $$이동평균단가 = \frac{매입 직전 재고액 + 추가 매입액}{매입 직전 재고수량 + 추가 매입수량}$$

[1] K-IFRS에서는 후입선출법을 인정하지 않고 있다. (후입선출법 적용 금지)

| 📍 용어 알아두기 |

• **평균법** : 먼저 매입한 상품과 나중에 매입한 상품이 평균적으로 판매된다는 가정하에 일정 기간 동안의 재고자산매입액을 평균한 평균단가로 출고단가를 산정하는 방법을 평균법(또는 가중평균법)이라고 한다. 평균법에는 총평균법과 이동평균법이 있다.

(3) 단가 결정방법에 따른 기말재고자산가액의 결정 사례

상기업인 B사의 제2기 회계연도에 다음과 같은 상품 거래가 발생했을 때 선입선출법, 후입선출법, 총평균법, 이동평균법에 따라 상품재고장(재고수불부)을 작성하고 기말재고자산가액 및 매출원가를 구하여 보자.

- 1월 1일 기초 현재, 전기로부터 이월된 상품 10개가 있으며 개당 120원이었다.
- 2월 2일 공급처로부터 상품 30개를 개당 140원에 현금 매입하였다.
- 3월 3일 고객사에 상품 20개를 개당 200원에 현금 매출하였다.
- 7월 7일 공급처로부터 상품 20개를 개당 165원에 현금 매입하였다.
- 11월 11일 고객사에 상품 20개를 개당 200원에 현금 매출하였다.
- 12월 31일 기말 결산 시, 창고를 직접 조사하여 기말 현재 판매되지 않고 남아 있는 재고수량이 20개라는 것을 확인하였다.

① 선입선출법

상품재고장

(단위 : 원)

날 짜	구 분	입 고			출 고			잔 고		
1/1	전기이월	10개	@120	1,200				10개	@120	1,200
2/2	매 입	30개	@140	4,200				10개	@120	1,200
								30개	@140	4,200
3/3	매 출				10개	@120	1,200			
					10개	@140	1,400	20개	@140	2,800
7/7	매 입	20개	@165	3,300				20개	@140	2,800
								20개	@165	3,300
11/11	매 출				20개	@140	2,800	20개	@165	3,300
12/31	차기이월				20개	@165	3,300			
합 계		60개		8,700	60개		8,700			

- 기말재고자산가액 = 20개 × @165원 = 3,300원
- 매출원가 = 판매가능상품 금액 - 기말재고자산가액 = 8,700 - 3,300 = 5,400원

② 후입선출법

상품재고장

(단위 : 원)

날 짜	구 분	입 고			출 고			잔 고		
1/1	전기이월	10개	@120	1,200				10개	@120	1,200
2/2	매 입	30개	@140	4,200				10개	@120	1,200
								30개	@140	4,200
3/3	매 출				20개	@140	2,800	10개	@120	1,200
								10개	@140	1,400
7/7	매 입	20개	@165	3,300				10개	@120	1,200
								10개	@140	1,400
								20개	@165	3,300
11/11	매 출				20개	@165	3,300	10개	@120	1,200
								10개	@140	1,400
12/31	차기이월				10개	@120	1,200			
					10개	@140	1,400			
합 계		60개		8,700	60개		8,700			

• 기말재고자산가액 = (10개 × @120원) + (10개 × @140원) = 2,600원
• 매출원가 = 판매가능상품 금액 − 기말재고자산가액 = 8,700 − 2,600 = 6,100원

③ 총평균법

상품재고장

(단위 : 원)

날 짜	구 분	입 고			출 고			잔 고		
1/1	전기이월	10개	@120	1,200				10개		
2/2	매 입	30개	@140	4,200				40개		
3/3	매 출				20개			20개		
7/7	매 입	20개	@165	3,300				40개		
11/11	매 출				20개			20개		
12/31	차기이월				20개					
합 계		60개		8,700	60개					

- 총평균단가 = 총입고금액 ÷ 총입고수량 = 8,700원 ÷ 60개 = @145원
- 기말재고자산가액 = 기말재고수량 × 총평균단가 = 20개 × @145원 = 2,900원
- 매출원가 = 판매가능상품 금액 − 기말재고자산가액 = 8,700 − 2,900 = 5,800원

④ 이동평균법

상품재고장

(단위 : 원)

날 짜	구 분	입 고			출 고			잔 고		
1/1	전기이월	10개	@120	1,200				10개	@120	1,200
2/2	매 입	30개	@140	4,200				40개	@135	5,400
3/3	매 출				20개	@135	2,700	20개	@135	2,700
7/7	매 입	20개	@165	3,300				40개	@150	6,000
11/11	매 출				20개	@150	3,000	20개	@150	3,000
12/31	차기이월				20개	@150	3,000			
합 계		60개		8,700	60개		8,700			

- 2월 2일 이동평균단가 = (1,200원 + 4,200원) ÷ (10개 + 30개) = @135원
  7월 7일 이동평균단가 = (2,700원 + 3,300원) ÷ (20개 + 20개) = @150원
- 기말재고자산가액 = 기말재고수량 × 이동평균단가 = 20개 × @150원 = 3,000원
- 매출원가 = 판매가능상품 금액 − 기말재고자산가액 = 8,700 − 3,000 = 5,700원

참고 상품재고장에서 출고단가와 출고금액의 기재 여부

실무에서는 상품재고장을 작성할 때 출고수량만 기재하고 출고단가와 출고금액은 기재하지 않는 경우가 많다. 왜냐하면 이는 매출시점마다 일일이 상품의 처분 전 장부금액을 구하는 것에 준하는 번거로운 작업이기 때문이다.

다만, ㉠ 이동평균법을 적용할 때에는 상품재고장에 출고금액과 잔고금액을 지속적으로 기재하여야만 이동평균단가를 계산할 수 있으며, ㉡ 후입선출법을 적용할 때에는 상품재고장에 출고단가 및 출고금액을 기재하는 경우와 그렇지 않은 경우 계산결과가 서로 달라질 수 있다.

⑤ 단가 결정방법에 따른 기말재고자산가액, 매출원가, 당기순이익의 계산 결과

(단위 : 원)

구 분	선입선출법	이동평균법	총평균법	후입선출법
판매가능상품 금액	8,700	8,700	8,700	8,700
기말재고자산가액	3,300	3,000	2,900	2,600
매출원가	5,400	5,700	5,800	6,100
매출액	8,000	8,000	8,000	8,000
매출총이익, 당기순이익	2,600	2,300	2,200	1,900

참고 단가 결정방법에 따른 기말재고자산가액, 매출원가, 당기순이익의 계산 결과 비교

㉠ 물가는 상승하고 ㉡ 기말재고수량은 기초재고수량보다 같거나 크다고 가정한다.

구 분	계산 결과
기말재고자산가액	선입선출법 > 이동평균법 > 총평균법 > 후입선출법
매출원가	선입선출법 < 이동평균법 < 총평균법 < 후입선출법
당기순이익	선입선출법 > 이동평균법 > 총평균법 > 후입선출법

기출분개연습

01 2월 1일 대전상사에서 상품 2,800,000원을 매입하고, 이미 지급한 계약금 300,000원을 차감한 대금 중 1,000,000원은 보통예금에서 이체하고 잔액은 외상으로 하였다.

[전산회계 2급 제87회]

02 2월 2일 동신조명에서 상품 1,600,000원을 매입하고 지난달 지급한 계약금 200,000원을 차감한 잔액은 외상으로 하였다. 또한 매입 시 당사 부담 운반비 10,000원은 현금으로 지급하였다.

[전산회계 2급 제58회]

03 2월 3일 영동상사에서 외상으로 매입한 상품 대금 4,000,000원을 약속기일보다 빨리 지급하게 되어 외상대금의 3%를 할인받고 잔액은 보통예금 통장에서 이체하여 지급하였다. (매입할인 계정을 사용하기로 한다)

[전산회계 2급 제62회]

04 12월 31일 상품 계정의 총계정원장 차변에 집계된 당기 판매가능상품 금액이 142,110,000원이고, 기말상품재고액은 7,600,000원이다. 기말 결산 시 상품매출원가의 결산정리분개를 하시오.

[전산회계 2급 제59회]

정답 및 해설

01	2월 1일 (차) 상품		2,800,000	(대) 선급금		300,000
				보통예금		1,000,000
				외상매입금		1,500,000
02	2월 2일 (차) 상품		1,610,000	(대) 선급금		200,000
				외상매입금		1,400,000
				현금		10,000
03	2월 3일 (차) 외상매입금		4,000,000	(대) 매입할인		120,000
				보통예금		3,880,000
04	12월 31일 (차) 상품매출원가		134,510,000[1]	(대) 상품		134,510,000

[1] 판매가능상품 금액 − 기말상품재고액
= 142,110,000 − 7,600,000 = 134,510,000원

핵심기출문제

01 〈보기〉는 ㈜서울과 ㈜한성의 매입 및 매출에 관련된 자료이다. (가)와 (나)의 금액은?

[18' 서울시 공무원 9급]

구 분	기초재고액	당기매입액	기말재고액	매출원가
㈜서울	₩100,000	₩240,000	(가)	₩280,000
㈜한성	(나)	₩220,000	₩180,000	₩280,000

	(가)	(나)		(가)	(나)
①	₩60,000	₩240,000	②	₩340,000	₩240,000
③	₩60,000	₩320,000	④	₩340,000	₩320,000

02 다음은 ㈜서울의 매입 및 매출에 관련된 자료이다. 괄호 ㉠, ㉡, ㉢ 안에 들어갈 금액이 옳게 연결된 것은?

[07' 국가직 공무원 9급]

구 분	20x1년	20x2년
매출액	₩11,000	₩12,000
기초상품	₩1,200	(㉡)
당기매입	₩9,400	(㉢)
기말상품	₩1,400	₩1,500
매출총이익	(㉠)	₩2,000

	㉠	㉡	㉢
①	₩1,800	₩1,400	₩10,100
②	₩1,800	₩1,200	₩10,300
③	₩1,600	₩1,400	₩10,000
④	₩1,600	₩1,200	₩10,300

03 다음의 대화에서 ㉠과 ㉡에 해당하는 회계 용어를 바르게 짝지은 것은?　　　　[05' 대입수능]

> 총무부장 : 김 대리님, 이번에 매입한 상품(사과)에 문제가 없었나요?
> 김 대리 : 네, 부장님. 2상자는 전부 썩고 1상자는 썩은 것이 몇 개 있습니다.
> 총무부장 : 어떻게 처리했습니까?
> 김 대리 : 거래처와 상의해서 ㉠ 2상자는 반품하고 ㉡ 1상자는 값을 깎았습니다.

	㉠	㉡			㉠	㉡
①	매입환출	매출할인		②	매입환출	매입에누리
③	매출환입	매입할인		④	매출환입	매입에누리
⑤	매출환입	매출에누리				

정답 및 해설

01 ①　• ㈜서울의 상품매출원가 = 기초재고 + 당기매입 − 기말재고
　　　　→ 280,000 = 100,000 + 240,000 − ?
　　　　∴ 기말재고 (가) = 60,000원
　　　• ㈜한성의 상품매출원가 = 기초재고 + 당기매입 − 기말재고
　　　　→ 280,000 = ? + 220,000 − 180,000
　　　　∴ 기초재고 (나) = 240,000원

02 ①　• 20x1년의 상품매출원가 = 기초재고 + 당기매입 − 기말재고
　　　　→ ? = 1,200 + 9,400 − 1,400
　　　　∴ 20x1년의 상품매출원가 = 9,200원
　　　• 20x1년의 매출총이익 = 매출액 − 매출원가
　　　　→ ? = 11,000 − 9,200
　　　　∴ 20x1년의 매출총이익 (㉠) = 1,800원
　　　• 20x2년의 기초재고 (㉡) = 20x1년의 기말재고
　　　　　　　　　　　　　　= 1,400원
　　　• 20x2년의 매출총이익 = 매출액 − 매출원가
　　　　→ 2,000 = 12,000 − ?
　　　　∴ 20x2년의 매출원가 = 10,000원
　　　• 20x2년의 상품매출원가 = 기초재고 + 당기매입 − 기말재고
　　　　→ 10,000 = 1,400 + ? − 1,500
　　　　∴ 20x2년의 당기매입 (㉢) = 10,100원

03 ②　• 매입환출 : 구입한 상품 중 하자나 파손이 발견되어 해당 물품을 반품하는 것
　　　• 매입에누리 : 구입한 상품 중 하자나 파손이 발견되어 값을 깎는 것
　　　• 매입할인 : 상품의 구매자가 외상매입대금을 조기에 지급하여 약정에 따라 할인받는 것

04 기업은 일반적으로 원가흐름의 가정에 따라 매출원가와 기말재고자산을 파악한다. ㉠ 최근의 시가에 가장 가까운 가액으로 기말재고자산을 보고하는 방법과 ㉡ 최근의 시가에 가장 가까운 가액으로 매출원가를 보고하는 방법을 각각 바르게 연결한 것은? [08' 국가직 공무원 9급]

	㉠	㉡		㉠	㉡
①	후입선출법	선입선출법	②	선입선출법	후입선출법
③	이동평균법	후입선출법	④	선입선출법	총평균법

05 재고자산의 구입가격이 계속 상승할 때, 재고자산 원가결정방법 중 당기순이익이 많게 계상되는 것부터 바르게 나열한 것은? [07' 국가직 공무원 7급]

① 선입선출법 > 가중평균법 > 후입선출법
② 후입선출법 > 가중평균법 > 선입선출법
③ 가중평균법 > 선입선출법 > 후입선출법
④ 선입선출법 > 후입선출법 > 가중평균법

06 다음은 ㈜한국의 재고자산과 관련된 자료이다. 선입선출법으로 평가할 경우 매출총이익은?

[14' 국가직 공무원 7급]

일 자	구 분	수 량	단 가
10월 1일	기초재고	10개	₩100
10월 8일	매 입	30개	₩110
10월 15일	매 출	25개	₩140
10월 30일	매 입	15개	₩120

① ₩850　　　　② ₩950　　　　③ ₩1,050　　　　④ ₩1,150

정답 및 해설

04 ②

선입선출법	• 기말재고자산이 가장 최근 매입분으로 구성되므로 시가에 가깝게 표시된다(장점).
	• 오래전 매입분이 매출원가로 기록되므로 수익·비용 대응이 적절히 이루어지지 않는다(단점).
후입선출법	• 가장 최근 매입분이 매출원가로 기록되므로 수익·비용 대응이 적절히 이루어진다(장점).
	• 기말재고자산이 오래전 매입분으로 구성되므로 시가에 가깝게 표시되지 않는다(단점).

05 ① 물가가 상승하고 기말재고수량이 기초재고수량보다 같거나 크다고 가정할 때, 단가 결정방법에 따른 계산 결과 비교

구 분	계산 결과
기말재고자산가액	선입선출법 > 이동평균법 > 총평균법 > 후입선출법
매출원가	선입선출법 < 이동평균법 < 총평균법 < 후입선출법
당기순이익	선입선출법 > 이동평균법 > 총평균법 > 후입선출법

06 ① • 상품재고장

상품

기초재고 10개 × @100 = 1,000원	매출원가 25개		
10월 8일 30개 × @110 = 3,300원			
10월 30일 15개 × @120 = 1,800원	기말재고 30개		
55개 6,100원	55개	6,100원	

• 선입선출법
  · 기말재고자산가액 = (15개 × @120원) + (15개 × @110원) = 3,450원
  · 매출원가 = 판매가능상품 금액 − 기말재고자산가액 = 6,100 − 3,450 = 2,650원
• 매출총이익 = 매출액 − 매출원가 = (25개 × @140원) − 2,650 = 850원

07 다음은 ㈜한국의 20x1년 1월의 재고자산 입고 및 판매와 관련된 자료이다. 총평균법을 적용할 경우 기말재고액과 매출원가는? [13' 지방직 공무원 9급]

일 자	입 고		판매량
	수 량	단 가	
1/1	1,000개	₩11	
1/5	1,000개	₩13	
1/10	1,000개	₩15	
1/15			2,500개
1/25	1,000개	₩17	

	기말재고액	매출원가		기말재고액	매출원가
①	₩21,000	₩31,500	②	₩21,000	₩35,000
③	₩24,500	₩31,500	④	₩24,500	₩35,000

08 다음은 ㈜한국의 20x1년 1월의 상품매매에 관한 기록이다. 이동평균법으로 상품거래를 기록할 경우 20x1년 1월의 매출총이익은? [15' 지방직 공무원 9급]

일 자	내 역	수 량	매입단가	판매단가
1/1	전기이월	150개	₩100	
1/15	현금매입	50개	₩140	
1/20	현금매출	100개		₩150
1/25	현금매입	100개	₩150	
1/28	현금매출	100개		₩160

① ₩2,000   ② ₩4,000   ③ ₩7,000   ④ ₩9,000

정답 및 해설

07 ② · 상품재고장

	상품	
기초재고 1,000개 × @11 = 11,000원	매출원가 2,500개	
1월 5일 1,000개 × @13 = 13,000원		
1월 10일 1,000개 × @15 = 15,000원		
1월 25일 1,000개 × @17 = 17,000원	기말재고 1,500개	
4,000개 56,000원	4,000개	56,000원

· **총평균법**
  · 총평균단가 = 총입고금액 ÷ 총입고수량 = 56,000원 ÷ 4,000개 = @14원
  · 기말재고자산가액 = 기말재고수량 × 총평균단가 = 1,500개 × @14원 = 21,000원
  · 매출원가 = 판매가능상품 금액 − 기말재고자산가액 = 56,000 − 21,000 = 35,000원

08 ③ · 상품재고장

	상품	
기초재고 150개 × @100 = 15,000원	매출원가 200개	
1월 15일 50개 × @140 = 7,000원		
1월 25일 100개 × @150 = 15,000원	기말재고 100개	
300개 37,000원	300개	37,000원

· **이동평균법**
  · 1월 15일 이동평균단가 = (15,000원 + 7,000원) ÷ (150개 + 50개) = @110원
  · 1월 20일 판매분 매출원가 = 100개 × @110원 = 11,000원
  · 1월 25일 이동평균단가 = {(100개 × @110원) + 15,000원} ÷ (100개 + 100개) = @130원
  · 1월 28일 판매분 매출원가 = 100개 × @130원 = 13,000원
  · 기말재고자산가액 = 기말재고수량 × 이동평균단가 = 100개 × @130원 = 13,000원
  · 매출원가 = 판매가능상품 금액 − 기말재고자산가액 = 37,000 − 13,000
    = 1월 20일 판매분 매출원가 + 1월 28일 판매분 매출원가 = 11,000 + 13,000
    = 24,000원
· **매출총이익** = 매출액 − 매출원가
    = {(100개 × @150원) + (100개 × @160원)} − 24,000원
    = 31,000원 − 24,000원
    = 7,000원

09 ㈜관세는 소매업을 영위하고 있으며, 20×1년 재고자산과 관련된 정보는 다음과 같다. 다음 설명 중 옳지 않은 것은?

[20' 관세사]

일 자	매 입		판 매
	수량(개)	단가(₩)	수량(개)
기초재고	100	20	
1/5	200	30	
4/3	100	40	
4/20			300
5/19	100	50	
5/20			100
기말재고			?

① 이동평균법에 의한 기말재고자산은 ₩3,400이다.
② 총평균법에 의한 매출원가는 ₩13,600이다.
③ 선입선출법에 의한 기말재고자산은 ₩5,000이다.
④ 판매가능원가는 ₩17,000이다.
⑤ 선입선출법에 의한 매출원가는 ₩12,000이다.

정답 및 해설

09 ① • 상품재고장

상품

기초재고 100개 × @20 = 2,000원	매출원가 400개
1월 5일 200개 × @30 = 6,000원	
4월 3일 100개 × @40 = 4,000원	
5월 19일 100개 × @50 = 5,000원	기말재고 100개
500개 17,000원	500개 17,000원

- 이동평균법
  - 1월 5일 이동평균단가 = (2,000원 + 6,000원) ÷ (100개 + 200개) = @26.67원
  - 4월 3일 이동평균단가 = (2,000원 + 6,000원 + 4,000원) ÷ (100개 + 200개 + 100개) = @30원
  - 4월 20일 판매분 매출원가 = 300개 × @30원 = 9,000원
  - 5월 19일 이동평균단가 = {(100개 × @30원) + 5,000원} ÷ (100개 + 100개) = @40원
  - 5월 20일 판매분 매출원가 = 100개 × @40원 = 4,000원
  - 기말재고자산가액 = 기말재고수량 × 이동평균단가 = 100개 × @40원 = 4,000원
  - 매출원가 = 판매가능상품 금액 − 기말재고자산가액 = 17,000 − 4,000
    = 4월 20일 판매분 매출원가 + 5월 20일 판매분 매출원가 = 9,000 + 4,000
    = 13,000원
- 총평균법
  - 총평균단가 = 총입고금액 ÷ 총입고수량 = 17,000원 ÷ 500개 = @34원
  - 기말재고자산가액 = 기말재고수량 × 총평균단가 = 100개 × @34원 = 3,400원
  - 매출원가 = 판매가능상품 금액 − 기말재고자산가액 = 17,000 − 3,400 = 13,600원
- 선입선출법을 적용할 때에는, '상품재고장에 출고단가 및 출고금액을 기재하는 경우'와 '그렇지 않은 경우'의 계산결과가 동일하다.
- 선입선출법
  - 기말재고자산가액 = 100개 × @50원 = 5,000원
  - 매출원가 = 판매가능상품 금액 − 기말재고자산가액 = 17,000 − 5,000 = 12,000원

제3절 | 비유동자산

01 비유동자산

비유동자산이란 장기간 보유하는 자산으로서 보고기간 종료일로부터 1년 이후에 현금화되는 자산을 말한다.

비유동자산은 투자자산, 유형자산, 무형자산, 기타비유동자산으로 나누어진다.[1]

[1] K-IFRS에서는 구체적인 재무상태표의 형식을 제시하지 않고 구분 표시되어야 하는 최소한의 항목(예 투자부동산, 유형자산, 무형자산)을 대분류 수준에서 사례로만 제시하고 있다.

02 투자자산

(1) 투자자산의 정의

투자자산이란 장기적인 투자수익을 목적으로 보유하고 있는 자산을 말한다.

(2) 투자자산에 해당하는 계정과목

계정과목	내 용
장기정기예금	일정한 금액을 예치한 후 만기가 되면 이자와 원금을 돌려받는 금융상품으로서, 만기가 결산일로부터 1년 이후에 도래하는 것
장기정기적금	매월 일정 금액을 불입한 후 만기가 되면 이자와 원금을 돌려받는 금융상품으로서, 만기가 결산일로부터 1년 이후에 도래하는 것
장기대여금	차용증서를 받고 타인에게 빌려준 금전으로서, 만기가 결산일로부터 1년 이후에 도래하는 것
투자부동산	투자 목적으로, 즉 시세차익을 얻기 위하여 보유하는 토지, 건물 및 기타의 부동산

03 유형자산

(1) 유형자산의 정의

유형자산이란 장기간에 걸쳐 영업활동에 사용할 목적으로 보유하는 자산으로서 물리적 형체가 있는 자산을 말한다.

(2) 유형자산에 해당하는 계정과목

계정과목	내 용
토 지	영업활동에 사용할 목적으로 보유하는 대지, 임야, 전, 답 등
건 물	영업활동에 사용할 목적으로 보유하는 공장, 사무실, 창고 등으로서 냉난방, 조명, 기타 건물부속설비를 포함함
구축물	영업활동에 사용할 목적으로 보유하는 것으로서 토지 위에 정착된 건물 이외의 토목설비, 공작물 및 이들의 부속설비(교량, 도로포장, 굴뚝, 정원설비 등)
기계장치	영업활동에 사용할 목적으로 보유하는 기계장치, 운송설비 및 이들의 부속설비
차량운반구	영업활동에 사용할 목적으로 보유하는 승용차, 트럭, 오토바이 등
비 품	영업활동에 사용할 목적으로 보유하는 컴퓨터, 복사기, 책상, 의자 등
건설중인자산	유형자산의 건설을 위하여 지출한 금액을 건설 완료 전까지 집계하기 위한 계정 (건설이 완료되면 건물 등 해당 계정으로 대체함)
감가상각누계액	건물, 구축물, 기계장치, 차량운반구, 비품 등 유형자산에 대하여 가치감소분을 누적적으로 표시하는 차감적 평가계정 참고 건물, 구축물, 기계장치, 차량운반구, 비품 등의 차감계정

(3) 유형자산의 특징

① 영업활동에 사용할 목적으로 보유

유형자산은 기업이 영업활동에 사용할 목적으로 보유하고 있는 것이어야 한다. 예를 들어 토지나 건물이라 하더라도, 기업이 이를 영업활동에 사용하지 않고 투자목적으로(시세차익을 얻기 위하여) 보유하고 있다면 투자자산(투자부동산 계정)으로 분류되어야 하고, 부동산매매업을 주업으로 하는 기업이 이를 판매를 목적으로 보유하고 있다면 재고자산으로 분류되어야 한다.

② 여러 회계기간에 걸쳐 사용

유형자산은 여러 회계기간에 걸쳐 수익창출활동에 기여하는 것이어야 한다. 예를 들어 비품을 취득하였는데 해당 자산이 수익창출활동에 기여하는 기간(내용연수)이 1년 미만이라면 이는 유형자산이 아니라 당기 비용(소모품비 계정)으로 분류되어야 한다.

③ 물리적 형체가 있는 자산

유형자산은 물리적 형체가 있는 것이어야 한다. 예를 들어 컴퓨터 소프트웨어인 ERP 프로그램을 구입하였다면 이는 물리적 형체가 없으므로 무형자산(소프트웨어 계정)으로 분류되어야 한다.

04 유형자산의 취득원가

(1) 취득원가의 구성

유형자산의 취득원가는 해당 자산의 매입가액(외부구입 시) 또는 제조원가(자가건설 시)에 취득부대비용을 더하며 매입할인 등이 있는 경우에는 이를 취득원가에서 차감한다.

취득부대비용에 해당하는 대표적인 항목은 다음과 같다.

> - 설치장소 준비를 위한 지출
> - 외부 운송비
> - 설치비
> - 정상적인 사용을 위한 시운전비
> - 설계와 관련하여 전문가에게 지급하는 수수료
> - 취득과 관련된 중개인수수료
> - **취득세** 등 취득과 직접 관련된 제세공과금

기출포인트

> • 재산세, 종합부동산세, 자동차보험료, 보관비용 등은 자산의 보유와 관련된 지출이므로 취득부대비용(취득원가)으로 보지 않고 당기 비용으로 분류한다.

(2) 외부구입

취득원가 = 매입가액 + 취득부대비용 − 매입할인 등			
(차) 해당 유형자산 계정	xxx	(대) [계정명]	xxx

[사례] 건물을 20,000원에 외상으로 구입하고 건물 구입과 관련하여 취득세 1,000원을 현금으로 지급하였다.

(차) 건물	21,000	(대) 미지급금	20,000
		현금	1,000

(3) 자가건설(건설중인 자산)

건설과 관련하여 소요되는 지출은 건설중인자산 계정으로 집계하였다가 건설이 완료되면 건물이나 기계장치 등 해당 유형자산 계정으로 대체한다.

건설 완료 전까지 지출 발생			
(차) 건설중인자산	xxx	(대) [계정명]	xxx
건설이 완료되어 공사 잔금을 지급			
(차) 해당 유형자산 계정	xxx	(대) 건설중인자산	xxx
		[계정명]	xxx

[사례] 1월 11일 사무실 건물을 신축하기로 결정하고 공사 착수금 30,000원을 현금으로 지급하였다.
9월 30일 사무실 건물 신축 공사를 완료하고 잔금 50,000원을 보통예금으로 지급하였다.

1월 11일 (차) 건설중인자산[1]	30,000	(대) 현금	30,000
9월 30일 (차) 건물	80,000	(대) 건설중인자산	30,000
		보통예금	50,000

[1] 유형자산을 건설하기 위하여 지출한 금액으로서 아직 건설이 완료되지 않은 것을 말한다.

05 | 유형자산 취득 이후의 지출

유형자산을 취득한 이후에 이를 영업활동에 사용하는 과정에서 각종 지출이 발생하게 되는데, 회사는 지출의 성격에 따라 다음과 같이 '자본적 지출'과 '수익적 지출'로 구분하여 회계처리한다.

(1) 자본적 지출

자본적 지출이란 유형자산의 취득 이후에 발생하는 지출이 해당 자산의 내용연수를 연장하거나 성능 수준을 현저히 향상시키는 등 **미래 경제적 효익을 증가**시키는 경우를 말한다.

자본적 지출에 해당하는 대표적인 항목은 다음과 같다.

- 본래의 용도를 변경하기 위한 개조
- 엘리베이터 또는 냉난방 장치의 설치
- 빌딩 등에 있어서 피난시설 등의 설치
- 기타 개량, 확장, 증설 등 자산의 가치를 증가시키는 것

자본적 지출이 발생하는 경우에는 지출금액을 **해당 자산의 취득원가에 가산**한다. 그 후, 지출의 효익이 지속되는 기간(해당 자산의 잔여내용연수)에 걸쳐 감가상각을 통하여 비용을 인식한다.

(차) 해당 유형자산 계정	xxx	(대) [계정명]	xxx
[사례] 사무실 건물에 엘리베이터를 설치하고 공사대금 20,000원은 현금으로 지급하였다.			
(차) 건물	20,000	(대) 현금	20,000

(2) 수익적 지출

수익적 지출이란 유형자산의 취득 이후에 발생하는 지출이 해당 자산을 수선하는 등 **당초 예상되었던 성능 수준으로 회복시키거나 유지**하기 위한 경우를 말한다.

수익적 지출에 해당하는 대표적인 항목은 다음과 같다.

- 건물 또는 벽의 도장
- 파손된 유리나 기와의 대체
- 기계의 소모된 부속품과 벨트의 대체
- 자동차의 타이어 튜브의 대체
- 기타 조업 가능한 상태의 유지 등을 위한 것

수익적 지출이 발생하는 경우에는 지출금액을 수선비 계정이나 차량유지비 계정 등 **당기 비용**으로 회계처리한다.

(차) 수선비, 차량유지비 등 (당기 비용)	xxx	(대) [계정명]	xxx
[사례] 사무실 건물의 외벽이 낡아 페인트 공사를 실시하고 도색비용 10,000원은 현금으로 지급하였다.			
(차) 수선비	10,000	(대) 현금	10,000

기출포인트

자본적 지출과 수익적 지출에 대한 회계처리 오류 발생 시 영향

오류 유형	자 산	비 용	당기순이익	자 본
자본적 지출을 수익적 지출로 처리하는 경우 (자산으로 처리하여야 하는 것을 비용으로 처리하는 경우)	과 소	과 대	과 소	과 소
수익적 지출을 자본적 지출로 처리하는 경우 (비용으로 처리하여야 하는 것을 자산으로 처리하는 경우)	과 대	과 소	과 대	과 대

06 유형자산의 감가상각

(1) 감가상각의 정의

유형자산은 영업활동에 사용되면서 소모되므로 시간의 경과에 따라 자산가치가 점점 감소하게 되는데, 이러한 현상을 측정하여 유형자산의 사용기간에 걸쳐 비용으로 배분하는 절차를 감가상각이라고 한다.

감가상각은 수익·비용 대응의 원칙에 입각한 비용의 인식을 위하여, 유형자산의 취득원가에서 잔존가치를 차감한 감가상각대상금액을 그 자산이 사용되면서 수익창출활동에 기여하는 기간에 걸쳐 합리적이고 체계적인 방법으로 배분하는 것이라고 할 수 있다.

기출포인트

• 토지는 감가상각을 하지 않는다.

• 건설중인자산은 아직 건설이 완료되지 않은 것이므로 감가상각을 하지 않는다. (건설이 완료되어 건물 등 해당 계정으로 대체되고 자산이 사용 가능한 때부터 감가상각을 시작한다)

(2) 감가상각의 회계처리

각 회계연도 말에 당기 감가상각 금액을 계산하여, 차변에는 비용인 감가상각비 계정으로(비용의 발생), 대변에는 자산의 차감적 평가계정인 감가상각누계액 계정으로(자산 차감의 증가 = 자산의 감소) 회계처리한다.

(차) 감가상각비	xxx	(대) 감가상각누계액	xxx

감가상각누계액이란 건물, 기계장치 등 유형자산에 해당하는 계정들의 취득원가에 대한 가치감소분의 누적액을 말한다.

회계처리를 할 때 감가상각누계액 계정은 유형자산 계정과목마다 별도의 계정(예 건물에 대한 감가상각누계액 계정, 기계장치에 대한 감가상각누계액 계정)을 사용한다.

재무상태표를 작성할 때 감가상각누계액 계정은 아래 예시와 같이 각 유형자산 계정별로 구분하여 차감적 평가계정으로 표시한다.

유형자산의 취득원가에서 감가상각누계액을 차감한 금액을 유형자산의 장부금액이라고 한다.

재무상태표

유형자산	
건물	200,000
감가상각누계액	(80,000)
	120,000
기계장치	50,000
감가상각누계액	(25,000)
	25,000

[사례] 20x1년 1월 1일에 기계장치를 1,000,000원에 취득하였고, 20x1년 기말에 감가상각비 200,000원을 인식하였다. 20x2년의 감가상각비가 200,000원으로 계산되었을 때, 20x2년 기말의 감가상각 회계처리를 하고 20x2년 손익계산서와 20x2년 말 재무상태표에 표시하여 보자.

[풀이] • 20x2년 기말 결산 시 감가상각 회계처리

20x2. 12. 31. (차) 감가상각비	200,000	(대) 감가상각누계액	200,000

• 20x2년 회계연도 손익계산서

판매비와관리비	
감가상각비	200,000

• 20x2년 회계연도 기말 재무상태표

유형자산	
기계장치	1,000,000
감가상각누계액[1]	(400,000)
	600,000

[1] 가치감소분의 누적액
= 200,000 (20x1년 가치감소분) + 200,000 (20x2년 가치감소분)
= 400,000원

(3) 감가상각비의 계산요소

당기 감가상각비를 계산하기 위해서는 취득원가, 잔존가치, 내용연수를 알아야 한다.

취득원가	취득 시점의 장부금액을 말하며, 취득 시점 이후 자본적 지출이 발생하는 경우에는 이를 가산한다.
잔존가치	자산을 내용연수가 종료하는 시점까지 사용한 후 처분할 때 받을 것으로 예상되는 처분금액에서 예상되는 처분비용을 차감한 금액을 말한다.
내용연수	자산에 대한 예상 사용기간을 말한다.

(4) 감가상각방법

① 정액법

정액법이란 감가상각대상금액(= 취득원가−잔존가치)을 내용연수 동안 매기 동일한 금액으로 균등하게 배분하는 방법을 말한다.

$$감가상각비 = (취득원가 - 잔존가치) \times \frac{1}{내용연수}$$

[사례] 20x1년 1월 1일에 기계장치를 1,000,000원에 취득하였다. 내용연수는 4년, 잔존가치는 100,000원이다. 감가상각방법이 정액법일 경우 각 회계연도별 감가상각비를 계산하여 보자.

[풀이]

회계연도	감가상각비 계산근거	당기 감가상각비	기말 감가상각누계액	기말 장부금액
20x1년	(1,000,000 − 100,000) × (1/4)	225,000	225,000	775,000
20x2년	(1,000,000 − 100,000) × (1/4)	225,000	450,000	550,000
20x3년	(1,000,000 − 100,000) × (1/4)	225,000	675,000	325,000
20x4년	(1,000,000 − 100,000) × (1/4)	225,000	900,000	100,000

자산을 기초 시점에 취득하였다고 가정하면 정액법일 경우, 감가상각비는 매년 동일하고, 이에 따라 장부금액은 매년 일정한 금액만큼씩 감소하게 된다. 이러한 변동 추이를 그림으로 살펴보면 다음과 같다.

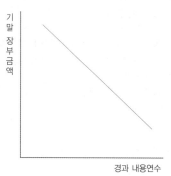

② **정률법**

정률법이란 기초의 미상각잔액(= 취득원가 − 감가상각누계액)에 매기 동일한 상각률을 곱해서 감가상각비를 구하는 방법을 말한다.

정률법을 적용하면 내용연수 초기에는 감가상각비를 많이 인식하고 후기로 갈수록 적게 인식하게 된다.

정률법의 상각률은 제곱근을 사용하여 계산되므로 문제에서 값이 주어지는 것이 일반적이다.

> 감가상각비 = (취득원가 − 기초의 감가상각누계액) × 감가상각률[1]

[1] 감가상각률 $= 1 - \sqrt[n]{잔존가치/취득원가}$ (n : 내용연수)

[사례] 20x1년 1월 1일에 기계장치를 1,000,000원에 취득하였다. 내용연수는 4년, 잔존가치는 100,000원이다. 감가상각방법이 정률법(감가상각률 : 0.438[2])일 경우 각 회계연도별 감가상각비를 계산하여 보자.

[풀이]

회계연도	감가상각비 계산근거	당기 감가상각비	기말 감가상각누계액	기말 장부금액
20x1년	(1,000,000 − 0) × 0.438	438,000	438,000	562,000
20x2년	(1,000,000 − 438,000) × 0.438	246,156	684,156	315,844
20x3년	(1,000,000 − 684,156) × 0.438	138,340	822,496	177,504
20x4년	(1,000,000 − 822,496) × 0.438	77,504[3]	900,000	100,000

[2] 감가상각률 $= 1 - \sqrt[4]{100,000/1,000,000} = 0.438$

[3] 감가상각이 종료되는 20x4년의 감가상각비 계산 시 기말 장부금액이 잔존가치와 일치되도록 끝수를 조정하였는데, 이는 계산에 사용되었던 감가상각률이 정확한 비율이 아니라 소수점 넷째 자리에서 반올림한 것이기 때문이다.

자산을 기초 시점에 취득하였다고 가정하면 정률법일 경우, 감가상각비는 매년 일정한 비율(=1 − 감가상각률)로 감소하고[1], 이에 따라 장부금액은 매년 체감적으로 감소하게 된다[2]. 이러한 변동 추이를 그림으로 살펴보면 다음과 같다.

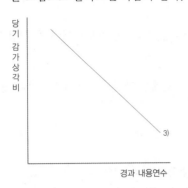
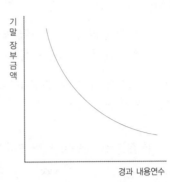

[1] 상기 사례에서 감가상각비는 매년 0.562(= 1 − 0.438)라는 일정한 비율로 감소한다.

[2] 정률법의 경우, 내용연수 초기에는 감가상각비를 많이 인식하고 후기로 갈수록 적게 인식하기 때문에 장부금액이 내용연수 초기에는 급격히 감소하나 후기로 갈수록 완만하게 감소하게 되는데, 이와 같이 장부금액이 체감적으로 감소하는 행태를 보이는 감가상각방법들을 통칭하여 '체감잔액법'이라고 한다.

[3] 체감잔액법에 해당하는 감가상각방법의 경우 경과 내용연수에 따른 당기 감가상각비 그래프는 모두 우하향한다. 우하향 그래프의 형태를 보면, 정률법일 때는 거의 직선에 가까운 곡선 형태로 나타난다.

07 유형자산의 처분

유형자산을 처분하는 경우에는 처분금액과 처분 전 장부금액(= 취득원가 − 감가상각누계액)을 비교하여 처분손익을 인식한다.

처분금액이 처분 전 장부금액보다 크다면 유형자산처분이익 계정(수익)을, 처분금액이 처분 전 장부금액보다 작다면 유형자산처분손실 계정(비용)을 인식한다.

처분금액을 계상할 때, 수수료 등 매각 시 부대비용이 있는 경우에는 매각금액에서 동 부대비용을 차감한 순매각금액을 처분금액으로 본다.

처분금액 > 처분 전 장부금액 : 유형자산처분이익			
(차) [계정명]	xxx	(대) 해당 유형자산 계정	xxx
감가상각누계액	xxx	유형자산처분이익	xxx

[사례] 사용하던 기계장치를 거래처에 100,000원에 매각처분하고 대금은 매각수수료 1,000원을 차감한 후 현금으로 받았다. 처분 시점 현재 기계장치의 장부상 취득원가는 200,000원, 감가상각누계액은 120,000원이었다.

(차) 감가상각누계액	120,000	(대) 기계장치	200,000
현금	99,000	유형자산처분이익	19,000[1]

[1] 처분금액 − 처분 전 장부금액 = (100,000 − 1,000) − (200,000 − 120,000) = 19,000원

처분금액 < 처분 전 장부금액 : 유형자산처분손실			
(차) [계정명]	xxx	(대) 해당 유형자산 계정	xxx
감가상각누계액	xxx		
유형자산처분손실	xxx		

[사례] 사용하던 차량을 중고자동차매매업체에 30,000원에 매각처분하고 대금은 현금으로 받았다. 처분 시점 현재 차량의 장부상 취득원가는 100,000원, 감가상각누계액은 60,000원이었다.

(차) 감가상각누계액	60,000	(대) 차량운반구	100,000
현금	30,000		
유형자산처분손실	10,000[1]		

[1] 처분금액 − 처분 전 장부금액 = 30,000 − (100,000 − 60,000) = (−)10,000원

참고 │ 자산을 취득할 때와 처분할 때 발생하는 운송료, 수수료, 제세금 등의 회계처리

구 분		회계처리
자산 취득 시 운송료, 수수료, 제세금 등	원 칙	자산의 취득과 관련하여 발생하는 취득부대비용은 **자산의 취득원가**로 회계처리한다.
자산 처분 시 운송료, 수수료, 제세금 등	일반적인 상거래	기업의 주된 영업활동인 상품매출(재고자산의 처분)과 관련하여 발생하는 부대비용은 **운반비, 수수료비용, 세금과공과 등 별도의 비용 계정**(판매비와관리비)으로 회계처리한다.
	일반적인 상거래 이외의 거래	기업의 주된 영업활동이 아닌 자산의 처분(재고자산이 아닌 자산의 처분)과 관련하여 발생하는 부대비용은 자산의 처분금액에서 직접 차감하여 **해당 자산의 처분손익 계정**(영업외수익 또는 영업외비용)으로 회계처리한다.

08 무형자산

(1) 무형자산의 정의

무형자산이란 장기간에 걸쳐 영업활동에 사용할 목적으로 보유하는 물리적 형체가 없는 자산으로서 ㉠ **식별 가능**하고, ㉡ **기업이 통제**하고 있으며, ㉢ **미래 경제적 효익**이 있는 것을 말한다.

(2) 무형자산에 해당하는 계정과목

계정과목	내 용
영업권	우수한 경영진, 뛰어난 영업망, 유리한 위치, 기업의 좋은 이미지 등 동종의 다른 기업에 비하여 특별히 유리한 사항들을 집합한 무형의 자원 (사업결합 등 외부로부터 취득한 영업권만 인정되며, **내부적으로 창출한 영업권은 인정되지 않음**)
산업재산권	일정 기간 동안 독점적·배타적으로 이용할 수 있는 권리 예 특허권, 실용신안권, 디자인권, 상표권
소프트웨어	컴퓨터 소프트웨어의 구입 금액 예 회계프로그램, ERP프로그램, MS오피스프로그램
개발비	신제품이나 신기술의 개발단계에서 발생한 지출로서 취득원가를 개별적으로 식별가능하고 미래 경제적 효익을 창출할 수 있는 것

09 기타비유동자산

(1) 기타비유동자산의 정의

기타비유동자산이란 비유동자산 중에서 투자자산, 유형자산, 무형자산에 속하지 아니하는 자산을 말한다.

(2) 기타비유동자산에 해당하는 계정과목

계정과목	내 용
임차보증금	월세 등의 조건으로 타인의 동산이나 부동산을 사용하기 위하여 임대차계약에 따라 임차인이 임대인에게 지급하는 보증금 (계약기간이 만료되면 다시 반환 받음)
전세권	월세 조건 없이 타인의 부동산을 사용하기 위하여 임대차계약에 따라 임차인이 임대인에게 지급하는 전세금 (계약기간이 만료되면 다시 반환 받음)
장기외상매출금	기업의 주된 영업활동(일반적인 상거래)인 상품매출을 하고 아직 받지 않은 외상대금으로서, 만기가 결산일로부터 1년 이후에 도래하는 것
장기받을어음	기업의 주된 영업활동(일반적인 상거래)인 상품매출을 하고 이에 대한 대금으로 상대방으로부터 받은 어음으로서, 만기가 결산일로부터 1년 이후에 도래하는 것
장기매출채권	**외부보고용** 재무상태표에서 사용되는 **통합 표시 계정**으로서, '장기외상매출금 + 장기받을어음'을 말함
장기미수금	일반적인 상거래 이외의 거래에서 발생한 외상대금으로서, 만기가 결산일로부터 1년 이후에 도래하는 것

(3) 임차보증금

① 임차계약 체결 시 임차보증금의 지급

(차) 임차보증금	xxx	(대) [계정명]	xxx
[사례] 월세를 조건으로 사무실 임차계약을 체결하고 보증금 100,000원을 현금으로 지급하였다.			
(차) 임차보증금	100,000	(대) 현금	100,000

② 임차계약 만료 시 임차보증금의 회수

(차) [계정명]	xxx	(대) 임차보증금	xxx
[사례] 사무실 임차계약기간이 만료되어 계약 체결 당시 납입했었던 보증금 100,000원을 현금으로 돌려받았다.			
(차) 현금	100,000	(대) 임차보증금	100,000

> **참고** 임차보증금, 임대보증금, 임차료, 임대료의 비교
>
> 동산이나 부동산의 임대차계약을 체결할 때, 임료를 내고 상대방의 물건을 빌리는 사람(세입자)을 임차인이라고 하고, 임료를 받고 자신의 물건을 빌려주는 사람(집주인)을 임대인이라고 한다.
>
> 임대차계약에서 임료의 형태는 크게 월세와 보증금(전세금)으로 나누어 볼 수 있다.
>
> 임차인과 임대인의 입장에서 월세와 보증금을 회계처리할 때 사용하는 계정과목은 각각 다음과 같다.

구 분	임차인(세입자)	임대인(집주인)
월 세	임차료(비용)	임대료(수익)
보증금	임차보증금(자산)	임대보증금(부채)

기출분개연습

01 3월 1일 화물트럭 구입 시 취득세 680,000원을 현금으로 지급하였다. [전산회계 2급 제53회]

02 3월 2일 판매부서의 건물에 대한 엘리베이터 설치비(자본적 지출) 6,000,000원과 외벽 도색비(수익적 지출) 500,000원을 현금으로 지급하였다. [전산회계 2급 제59회]

03 12월 31일 결산 시 본사 건물에 대하여 4,200,000원, 업무용 차량에 대하여 1,600,000원의 감가상각비를 인식하였다. [전산회계 2급 제93회]

04 3월 4일 상품 배송에 사용하는 트럭(취득금액 5,000,000원, 폐차 시점 현재 감가상각누계액 4,800,000원)을 폐차하고, 폐차에 대한 고철값 50,000원을 현금으로 받았다. [전산회계 2급 제53회]

05 3월 5일 영업팀에서 사용하던 다음의 기계장치를 ㈜태평에게 매각하고 대금은 ㈜태평이 발행한 약속어음으로 수령하였다. [전산세무 2급 제78회]

> • 취득금액 : 20,000,000원 (매각일 현재 감가상각누계액 : 5,000,000원)
> • 처분금액 : 16,000,000원

06 3월 6일 본점 이전을 위하여 한성빌딩 101호를 임차하기로 하였으며 보증금 30,000,000 원을 보통예금 통장에서 송금하였다.

[전산회계 1급 제32회]

07 3월 7일 상품 보관을 위해 대성건설로부터 임차하여 사용하고 있던 창고 건물의 임차기간 이 완료되어 보증금 10,000,000원을 보통예금 계좌로 돌려받았다.

[전산회계 2급 제57회]

정답 및 해설

01 3월 1일 (차) 차량운반구 680,000 (대) 현금 680,000

02 3월 2일 (차) 건물 6,000,000 (대) 현금 6,500,000
　　　　　　 수선비 500,000

03 12월 31일 (차) 감가상각비 5,800,000 (대) 감가상각누계액(건물) 4,200,000
　　　　　　　　　　　　　　　　　　　　　　 감가상각누계액(차량운반구) 1,600,000

04 3월 4일 (차) 감가상각누계액 4,800,000 (대) 차량운반구 5,000,000
　　　　　　 현금 50,000
　　　　　　 유형자산처분손실 150,000[1]

[1] 처분금액 − 처분 전 장부금액
　 = 50,000 − (5,000,000 − 4,800,000) = (−)150,000원

05 3월 5일 (차) 감가상각누계액 5,000,000 (대) 기계장치 20,000,000
　　　　　　 미수금[1] 16,000,000 　 유형자산처분이익 1,000,000[2]

[1] 일반적인 상거래(기업의 주된 영업활동) 이외의 거래이므로 어음을 수령하더라도 '미수금' 계정으로 회계처리한다.
[2] 처분금액 − 처분 전 장부금액
　 = 16,000,000 − (20,000,000 − 5,000,000) = 1,000,000원

06 3월 6일 (차) 임차보증금 30,000,000 (대) 보통예금 30,000,000
07 3월 7일 (차) 보통예금 10,000,000 (대) 임차보증금 10,000,000

제3절 비유동자산 **125**

01 다음은 회계 원리 수업 Q&A 게시판의 특정 자산에 대한 질문과 답변 내용이다. (가)에 속하는 계정과목으로 옳은 것은? [16' 대입수능]

> Q. (가) 에 대하여 다시 한번 설명해 주세요.
>
> A. 기업이 재화의 생산, 용역의 제공, 자체적으로 사용할 목적으로 보유하는 물리적 형체(형태)가 있는 자산으로 통상 1년(한 회계기간)을 초과하여 사용할 것이 예상되는 자산을 의미합니다.

① 차량운반구 ② 실용신안권 ③ 투자부동산 ④ 임차보증금 ⑤ 장기대여금

02 ㈜대한은 다음 자료와 같이 기계장치를 취득하였다. 기계장치의 취득원가는? [11' 국가직 공무원 9급]

• 기계장치 구입대금	₩20,000
• 운반비	₩1,000
• 설치비	₩3,000
• 시운전비	₩2,000
• 구입 후 수선비	₩2,000

① ₩21,000 ② ₩25,000 ③ ₩26,000 ④ ₩28,000

03 영업용 건물과 관련된 거래 (가) ~ (다)를 분개할 때 차변 계정과목을 바르게 짝지은 것은?

[05' 대입수능]

> (가) : 신축 중인 건물의 공사대금 2억 원을 현금으로 지급하다.
>
> (나) : 건물이 완공되어 잔금 18억 원을 보통예금으로 지급하다.
>
> (다) : 노후된 건물을 도색하고 100만 원을 현금으로 지급하다. (수익적 지출로 처리하다)

	(가)	(나)	(다)
①	건 물	건 물	수선비
②	선급금	건 물	건 물
③	선급금	투자부동산	수선비
④	건설중인자산	건 물	수선비
⑤	건설중인자산	투자부동산	건 물

정답 및 해설

01 ① · 유형자산이란 장기간에 걸쳐 영업활동에 사용할 목적으로 보유하는 자산으로서 물리적 형체가 있는 자산을 말한다.
· 차량운반구(유형자산), 실용신안권(무형자산), 투자부동산(투자자산), 임차보증금(기타비유동자산), 장기대여금(투자자산)

02 ③ · 취득원가 = 구입대금 + 운반비 + 설치비 + 시운전비
= 20,000 + 1,000 + 3,000 + 2,000
= 26,000원
· 운반비, 설치비, 시운전비는 취득부대비용에 해당하므로 취득원가에 가산한다.
· 구입 후 수선비는 취득 이후의 지출이고 수익적 지출에 해당하므로 당기 비용으로 회계처리한다.

03 ④ · 거래 (가)

(차) 건설중인자산	200,000,000	(대) 현금	200,000,000

· 거래 (나)

(차) 건물	2,000,000,000	(대) 건설중인자산	200,000,000
		당좌예금	1,800,000,000

· 거래 (다)

(차) 수선비	1,000,000	(대) 현금	1,000,000

04 다음은 ○○㈜의 10월 현금 지출 내역서의 일부이다. 지출 내역 중 자본적 지출로 회계처리된 금액을 계산한 것으로 옳은 것은? (단, 제시된 자료 외에는 고려하지 않는다) [12' 대입수능]

(10)월 현금 지출 내역서	결 재	담 당	과 장	팀 장
		(인)	(인)	(인)

일 자	내 역	금 액	비 고
5	업무용 차량 엔진 교채	₩300,000	내용연수 2년 연장
12	건물 외벽 부분 도색	₩10,000	원상 회복
24	건물 엘리베이터 설치	₩2,000,000	전액 건물 가치 증가
중 략			
계		₩8,700,000	

20x1년 10월 31일

① ₩10,000 ② ₩300,000 ③ ₩310,000 ④ ₩2,000,000 ⑤ ₩2,300,000

05 다음에서 (가)로 해야 할 분개를 (나)로 했을 때 나타나는 현상으로 옳은 것은? [07' 대입수능]

[거래]
업무용 차량운반구가 고장이 나서 원상 회복을 위해 수리하고, 그 대금 ₩500,000을 현금으로 지급하다.

[분개]
(가) 옳은 분개
   (차) 수선비   500,000   (대) 현금   500,000

(나) 옳지 않은 분개
   (차) 차량운반구   500,000   (대) 현금   500,000

① 부채의 과대계상   ② 비용의 과소계상   ③ 수익의 과대계상
④ 자본의 과소계상   ⑤ 자산의 과소계상

06 ㈜대한은 20x1년 7월 1일에 취득원가 ₩650,000, 잔존가치 ₩50,000의 기계장치를 취득한 후 사용해오고 있다. 이 기계장치의 내용연수가 3년이고, 기계장치에 대한 감가상각방법으로 정액법을 사용한다고 할 때, 20x2년 말 재무상태표에 보고되어야 할 이 기계장치의 장부금액은? (단, 감가상각은 월할 계산한다)

[11' 지방직 공무원 9급]

① ₩300,000   ② ₩350,000   ③ ₩400,000   ④ ₩450,000

정답 및 해설

04 ⑤ • 자본적 지출이란 유형자산의 취득 이후에 발생하는 지출이 해당 자산의 내용연수를 연장하거나 성능 수준을 현저히 향상시키는 등 미래 경제적 효익을 증가시키는 경우를 말하며, 이는 자산의 취득원가에 가산한다.
- 수익적 지출이란 유형자산의 취득 이후에 발생하는 지출이 해당 자산을 수선하는 등 당초 예상되었던 성능 수준으로 회복시키거나 유지하기 위한 경우를 말하며, 이는 당기 비용으로 회계처리한다.
- 10월 5일 (차) 차량운반구(자본적 지출)   300,000   (대) 현금   300,000
- 10월 12일 (차) 수선비(수익적 지출)   10,000   (대) 현금   10,000
- 10월 24일 (차) 건물(자본적 지출)   2,000,000   (대) 현금   2,000,000

05 ② • 수익적 지출을 자본적 지출로 처리하는 경우 (= 비용으로 처리하여야 하는 것을 자산으로 처리하는 경우) 영향
  : 자산 과대, 비용 과소 → 당기순이익 과대 → 자본 과대

06 ② • 20x1. 12. 31. (차) 감가상각비   100,000   (대) 감가상각누계액   100,000[1]
  [1] 정액법 감가상각비 = (취득원가 − 잔존가치) × (1/내용연수)
         = (650,000 − 50,000) × (1/3) × (6개월/12개월) = 100,000원
- 20x2. 12. 31. (차) 감가상각비   200,000   (대) 감가상각누계액   200,000[2]
  [2] 정액법 감가상각비 = (취득원가 − 잔존가치) × (1/내용연수)
         = (650,000 − 50,000) × (1/3) = 200,000원
- 20x2년 말 감가상각누계액 = 20x1년 감가상각비 인식분 + 20x2년 감가상각비 인식분
         = 100,000 + 200,000
         = 300,000원
- 20x2년 말 장부금액 = 취득원가 − 20x2년 말 감가상각누계액
         = 650,000 − 300,000
         = 350,000원

07 ㈜관세는 20×1년 5월 초 영업활동에 사용할 목적으로 기계장치(취득원가 ₩210,000, 잔존가치 ₩10,000, 내용연수 5년, 정률법 상각)를 구입하였다. 20×2년 손익계산서에 보고되어야 할 감가상각비는? (단, 상각률은 45%로 가정하며, 월할 상각한다) [20' 관세사 수정]

① ₩51,975   ② ₩66,150   ③ ₩94,500   ④ ₩129,150   ⑤ ₩146,475

08 다음은 ○○㈜의 업무용 [비품 관련 자료]와 20x2년 비품감가상각누계액 계정이다. 이를 통해 알 수 있는 내용으로 옳은 것만을 〈보기〉에서 있는 대로 고른 것은? (단, 제시된 자료 외의 것은 고려하지 않는다) [17' 대입수능]

[비품 관련 자료]

취득 관련 자료	처분 관련 자료
– 취득일 : 20x1년 1월 1일 – 구입 가격 : ₩2,900,000 – 구입 부대 비용 : ₩100,000	– 처분일 : 20x3년 1월 1일 – 처분 금액 : ₩1,000,000

비품감가상각누계액

12/31	차기이월	2,125,200	1/1	전기이월	1,380,000
			12/31	xxx	745,200
		2,125,200			2,125,200

─── 〈보기〉 ───
ㄱ. 비품의 감가상각 방법은 정액법이다.
ㄴ. 비품의 취득원가는 ₩3,000,000이다.
ㄷ. 비품 처분 시 유형자산처분이익은 ₩125,200이다.

① ㄱ   ② ㄴ   ③ ㄱ, ㄷ   ④ ㄴ, ㄷ   ⑤ ㄱ, ㄴ, ㄷ

정답 및 해설

07 ② • 기중에 취득하는 경우의 정률법 감가상각비

회계연도	감가상각비 계산근거	당기 감가상각비
20x1년	$(210,000 - 0) \times 0.45 \times (8개월/12개월)$	63,000
20x2년	$\{(210,000 - 0) \times 0.45 \times (4개월/12개월)\}$ $+ \{(210,000 - 94,500) \times 0.45 \times (8개월/12개월)\}$	66,150[1]

[1] 간편법 = (취득원가 − 기초의 감가상각누계액) × 감가상각률
= (210,000 − 63,000) × 0.45 = 66,150원

08 ④ • 비품의 취득원가 = 구입 가격 + 취득부대비용
= 2,900,000 + 100,000
= 3,000,000원

• 감가상각방법 분석
· 20x1년 감가상각비 = 20x2년 기초 감가상각누계액 = 1,380,000원
· 20x2년 감가상각비 = 20x2년 기말 감가상각누계액 − 20x2년 기초 감가상각누계액
= 2,125,200 − 1,380,000
= 745,200원
· 20x1년 감가상각비 ≠ 20x2년 감가상각비
∴ 감가상각방법은 정액법이 아니다.

• 비품 처분 시 회계처리

20x3. 1. 1. (차) 현금 등	1,000,000	(대) 비품	3,000,000
감가상각누계액	2,125,200	유형자산처분이익	125,200[1]

[1] 처분금액 − 처분 전 장부금액
= 1,000,000 − (3,000,000 − 2,125,200) = 125,200원

제4절 | 부채

01 유동부채

(1) 유동부채의 정의
유동부채란 보고기간 종료일로부터 1년 이내에 상환기한이 도래하는 부채를 말한다.

(2) 유동부채에 해당하는 계정과목

계정과목	내 용
외상매입금	기업의 주된 영업활동(일반적인 상거래)인 상품 매입을 하고 아직 지급하지 않은 외상대금
지급어음	기업의 주된 영업활동(일반적인 상거래)인 상품 매입을 하고 이에 대한 대금으로 상대방에게 발행하여 지급한 어음
매입채무	**외부보고용** 재무상태표에서 사용되는 **통합 표시 계정**으로서, '외상매입금 + 지급어음'을 말함
단기차입금	타인으로부터 빌려온 금전으로서 만기가 결산일로부터 1년 이내에 도래하는 것
미지급금	일반적인 상거래 이외의 거래에서 발생한 외상대금
미지급비용	당기에 속하는 비용 중 차기에 지급할 예정인 것(미지급이자, 미지급임차료 등)으로서 기말 결산 시 발생주의에 따라 추가 계상하는 비용상당액
선수금	계약금 성격으로 미리 받은 대금
선수수익	당기에 받은 수익 중 차기 수익에 해당하는 부분(선수이자, 선수임대료 등)으로서 기말 결산 시 발생주의에 따라 차감하는 수익상당액
예수금	최종적으로는 제3자에게 지급해야 할 금액을 거래처나 종업원으로부터 미리 받아 일시적으로 보관하고 있는 금액
가수금	금전을 수취하였으나 그 내용이 확정되지 않았을 경우 그 내용이 확정될 때까지 임시적으로 사용하는 계정과목
유동성장기부채	장기차입금 등 비유동부채 중에서 당기 결산일을 기준으로 1년 이내에 만기가 도래하는 부채

(3) 매입채무

① 외상매입금

- 외상 구입

(차) 상품	xxx	(대) 외상매입금	xxx
[사례] 상품을 10,000원에 구입하고 3,000원은 현금으로 지급하고 나머지는 다음 달 10일에 지급하기로 하였다.			
(차) 상품	10,000	(대) 현금	3,000
		외상매입금	7,000

- 외상매입금의 상환

(차) 외상매입금	xxx	(대) [계정명]	xxx
[사례] 외상매입금 7,000원을 현금으로 지급하였다.			
(차) 외상매입금	7,000	(대) 현금	7,000

② 지급어음

- 어음을 발행하여 구입

(차) 상품	xxx	(대) 지급어음	xxx
[사례] 상품을 4,000원에 구입하고 대금은 약속어음을 발행하여 지급하였다.			
(차) 상품	4,000	(대) 지급어음	4,000

- 어음대금의 상환

(차) 지급어음	xxx	(대) [계정명]	xxx
[사례] 상품 구입 대금으로 발행하였던 약속어음의 만기일이 도래하여 어음소지인에게 어음상 액면 금액인 4,000원을 현금으로 지급하였다.			
(차) 지급어음	4,000	(대) 현금	4,000

(4) 단기차입금

① 차입

(차) [계정명]	xxx	(대) 단기차입금	xxx
[사례] 은행으로부터 6개월 만기로 현금 50,000원을 차입하였다.			
(차) 현금	50,000	(대) 단기차입금	50,000

② 원금과 이자의 상환

(차) 단기차입금	xxx	(대) [계정명]	xxx
이자비용	xxx		
[사례] 은행으로부터 6개월 만기로 빌려왔던 차입금의 만기가 도래하여 원금 50,000원과 이자 2,000원을 현금으로 지급하였다.			
(차) 단기차입금	50,000	(대) 현금	52,000
이자비용	2,000		

기출포인트

- 단기차입금은 회계기간 종료일로부터 만기가 1년 이내에 도래하는 것이므로, 전체 차입기간이 1년을 초과하는 차입금도 경우에 따라 단기차입금으로 분류될 수 있다.

- 예를 들어 20x1년 4월 1일에 빌려온 18개월 만기 차입금의 경우, 만기(20x2. 9. 30.)가 회계기간 종료일(20x1. 12. 31.)로부터 1년 이내이므로 회사는 차입일에 이를 단기차입금 계정으로 회계처리한다.

(5) 미지급금

① 일반적인 상거래 이외의 거래에서 외상 구입

(차) [계정명]	xxx	(대) 미지급금	xxx
[사례] 사무실에서 사용할 비품을 10,000원에 외상으로 구입하였다.			
(차) 비품	10,000	(대) 미지급금	10,000

② 일반적인 상거래 이외의 거래에서 어음을 발행하여 구입

(차) [계정명]	xxx	(대) 미지급금	xxx
[사례] 사무실에서 사용할 비품을 10,000원에 구입하고 대금은 약속어음을 발행하여 지급하였다.			
(차) 비품	10,000	(대) 미지급금[1]	10,000

[1] 일반적인 상거래 이외의 거래에서는 약속어음을 발행하여 대금을 지급하더라도 이를 지급어음 계정이 아니라 미지급금 계정으로 회계처리한다.

③ 일반적인 상거래 이외의 거래에서 신용카드로 결제하여 구입

(차) [계정명]	xxx	(대) 미지급금	xxx
[사례] 사무실에서 사용할 비품을 A사로부터 10,000원에 구입하고 대금은 신용카드(현대카드)로 결제하였다.			
(차) 비품	10,000	(대) 미지급금[1]	10,000

[1] 일반적인 상거래 이외의 거래에서 발생한 지급채무이므로 미지급금 계정으로 회계처리하되, 실무에서 지급채무에 대한 거래처를 관리할 때 신용카드로 결제하여 발생한 지급채무는 그 거래처를 A사가 아니라 현대카드로 기록하여 관리하여야 한다.

참고 신용카드로 결제하여 발생한 지급채무

거래상대방(A거래처)으로부터 재화나 용역을 구입하고 그 대금을 신용카드(B신용카드사)로 결제한 경우, 동 지급채무에 대한 회계처리방법은 다음과 같다.

- 계정과목 : 외상매입금(일반적인 상거래) 또는 미지급금(일반적인 상거래 이외의 거래)
- 거래처 : B신용카드사 (이유 : 당사가 향후 카드대금을 지급하여야 할 곳은 A거래처가 아니라 B신용카드사임)

④ 미지급금의 상환

(차) 미지급금	xxx	(대) [계정명]	xxx
[사례] 사무실에서 사용할 비품을 구입하고 발생한 외상대금 10,000원을 현금으로 지급하였다.			
(차) 미지급금	10,000	(대) 현금	10,000

(6) 선수금

① 계약금 선수령

(차) [계정명]	xxx	(대) 선수금	xxx
[사례] 고객사로부터 상품 20,000원을 주문받고 계약금 4,000원을 현금으로 받았다.			
(차) 현금	4,000	(대) 선수금	4,000

② 인도

(차) 선수금	xxx	(대) 상품매출	xxx
[계정명]	xxx		
[사례] 주문받았던 상품 20,000원을 고객사에 인도하고 계약금 4,000원을 제외한 잔액을 현금으로 받았다.			
(차) 선수금	4,000	(대) 상품매출	20,000
현금	16,000		

(7) 예수금

예수금이란 최종적으로는 제3자에게 지급해야 할 금액을 거래처나 종업원으로부터 미리 받아 일시적으로 보관하고 있는 금액을 말한다.

예를 들면, 종업원에게 급여를 지급할 때 기업은 관련 법규에 따라 종업원이 납부하여야 하는 소득세, 국민연금, 건강보험료 등을 급여 지급액에서 공제하여 일시적으로 보관하고 있다가 다음 달 10일에 해당 기관에 종업원 대신 납부하게 된다. 이와 같이 기업이 급여 등을 지급할 때 소득귀속자의 세금 등을 미리 공제하는 것을 원천징수라고 하며, 원천징수된 금액은 기업의 장부에 예수금 계정으로 회계처리된다.

① 원천징수

(차) 급여 등	xxx	(대) 예수금	xxx
		[계정명]	xxx
[사례] 2월 25일 2월분 급여 총액 1,200,000원 중에서 소득세 등 150,000원을 원천징수하고 나머지 금액을 종업원에게 현금으로 지급하였다.			
2월 25일　(차) 급여	1,200,000	(대) 예수금	150,000
		현금	1,050,000

② 원천징수한 금액을 해당 기관에 납부

(차) 예수금	xxx	(대) [계정명]	xxx
[사례] 3월 10일 2월분 급여 지급 시 원천징수했던 150,000원을 세무서 등 해당 기관에 현금으로 납부하였다. 3월 10일 (차) 예수금　150,000　(대) 현금　150,000			

(8) 가수금

가수금이란 금전을 수취하였으나 그 내용이 확정되지 않았을 경우 그 내용이 확정될 때까지 임시적으로 사용하는 계정과목을 말한다.

가수금 역시 가지급금과 마찬가지로 그 내용이 확정되면 적절한 계정과목으로 대체하여야 하며, 대표적인 미결산계정에 해당하므로 기말 결산 때까지는 반드시 적절한 계정과목으로 대체하여 최종 재무제표에는 나타나지 않도록 하여야 한다.

① 가수취

(차) [계정명]	xxx	(대) 가수금	xxx
[사례] 내용을 알 수 없는 보통예금 10,000원을 계좌이체 받았다. (차) 보통예금　10,000　(대) 가수금　10,000			

② 내용 확정

(차) 가수금	xxx	(대) [계정명]	xxx
[사례] 원인 불명으로 계좌이체 받았던 보통예금 10,000원이 외상매출금의 회수였던 것으로 밝혀졌다. (차) 가수금　10,000　(대) 외상매출금　10,000			

(9) 유동성장기부채

장기차입금 등 비유동부채 중에서 당기 결산일을 기준으로 1년 이내에 만기가 도래하는 부채가 있는 경우, 결산 시 이를 비유동부채에서 유동부채로 대체하여야 하는데, 유동성장기부채란 이러한 대체분개를 할 때 사용되는 유동부채 계정과목을 말한다.

(차) 장기차입금	xxx	(대) 유동성장기부채	xxx

[사례] 20x2년 12월 31일 결산일 현재 장기차입금 300,000원(차입기간 : 20x1. 4. 1. ~ 20x3. 3. 31.)의 상환기일이 내년으로 도래하였음을 확인하였다.

20x2. 12. 31. (차) 장기차입금　　300,000　　(대) 유동성장기부채　　300,000

---

02 비유동부채

(1) 비유동부채의 정의

비유동부채란 보고기간 종료일로부터 1년 이후에 상환기한이 도래하는 부채를 말한다.

(2) 비유동부채에 해당하는 계정과목

계정과목	내 용
임대보증금	월세 등의 조건으로 타인(임차인)에게 동산이나 부동산을 임대하는 임대차계약을 체결하고 임차인으로부터 받는 보증금 (계약기간이 만료되면 다시 반환하여야 함)
장기차입금	타인으로부터 빌려온 금전으로서 만기가 결산일로부터 1년 이후에 도래하는 것
장기외상매입금	기업의 주된 영업활동(일반적인 상거래)인 상품 매입을 하고 아직 지급하지 않은 외상대금으로서, 만기가 결산일로부터 1년 이후에 도래하는 것
장기지급어음	기업의 주된 영업활동(일반적인 상거래)인 상품 매입을 하고 이에 대한 대금으로 상대방에게 발행하여 지급한 어음으로서, 만기가 결산일로부터 1년 이후에 도래하는 것
장기매입채무	**외부보고용** 재무상태표에서 사용되는 **통합 표시 계정**으로서, '장기외상매입금 + 장기지급어음'을 말함
장기미지급금	일반적인 상거래 이외의 거래에서 발생한 외상대금으로서, 만기가 결산일로부터 1년 이후에 도래하는 것

(3) 임대보증금

① 임대계약 체결 시 임대보증금의 수취

(차) [계정명]	xxx	(대) 임대보증금	xxx
[사례] 회사가 보유하고 있는 건물을 월세 조건으로 임대하고 세입자(임차인)로부터 보증금 100,000원을 현금으로 받았다.			
(차) 현금	100,000	(대) 임대보증금	100,000

② 임대계약 만료 시 임대보증금의 지급

(차) 임대보증금	xxx	(대) [계정명]	xxx
[사례] 건물 임대계약기간이 만료되어 계약 체결 당시 받았던 보증금 100,000원을 현금으로 반환하였다.			
(차) 임대보증금	100,000	(대) 현금	100,000

기출분개연습

01 4월 1일 강북상사에서 상품 3,000,000원을 매입하고, 대금 중 2,000,000원은 약속어음
(만기일 : 올해 7월 1일)을 발행하여 지급하고 잔액은 외상으로 거래하였다.

[전산회계 2급 제55회]

02 4월 2일 ㈜대전의 외상매입금 900,000원을 지급하기 위하여 약속어음(발행일로부터 90일
만기)을 발행하여 지급하였다.

[전산회계 1급 제62회]

03 4월 3일 사업 확장을 위하여 한라저축은행에서 5,000,000원을 차입하여 즉시 당사 보통
예금으로 이체 받았다. (상환예정일 : 내년 9월 30일)

[전산회계 2급 제56회]

04 4월 4일 나라은행의 단기차입금 1,000,000원과 그에 대한 이자 80,000원을 당사 보통예
금 계좌에서 이체하여 지급하였다.

[전산회계 2급 제48회]

05 4월 5일 삼성전자㈜로부터 사무실용 에어컨을 3,000,000원에 구입하고 대금은 다음 달에
지급하기로 하였다.

[전산회계 2급 제31회]

06 4월 6일 업무용 화물차를 ㈜한국자동차에서 10,000,000원에 구입하고, 대금 중
2,000,000원은 보통예금 계좌에서 이체하여 지급하고, 잔액은 당점 발행 약속어
음으로 지급하였다.

[전산회계 2급 제61회]

07 4월 7일 당사는 ㈜미래자동차에서 업무용 승용차 1대(20,000,000원)를 구입하고, 대금 중 15,000,000원은 국민카드로 결제하고, 5,000,000원은 보통예금 계좌에서 이체하여 지급하였다. 그리고 차량구입에 따른 취득세 1,100,000원도 현금으로 지급하였다.

[전산회계 2급 제41회]

08 4월 8일 우신유통에 상품 4,000,000원(10개, @400,000원)을 판매하기로 계약하고, 대금 중 20%를 보통예금 계좌로 송금받았다.

[전산회계 2급 제52회]

정답 및 해설

01 4월 1일 (차) 상품 3,000,000 (대) 지급어음 2,000,000
외상매입금 1,000,000

02 4월 2일 (차) 외상매입금 900,000 (대) 지급어음 900,000

03 4월 3일 (차) 보통예금 5,000,000 (대) 단기차입금[1] 5,000,000

[1] 전체 차입기간은 1년을 초과하나, 만기가 결산일(당해연도 12월 31일)로부터 1년 이내에 도래하므로 유동부채에 해당하는 '단기차입금' 계정으로 회계처리한다.

04 4월 4일 (차) 단기차입금 1,000,000 (대) 보통예금 1,080,000
이자비용 80,000

05 4월 5일 (차) 비품 3,000,000 (대) 미지급금 3,000,000

06 4월 6일 (차) 차량운반구 10,000,000 (대) 보통예금 2,000,000
미지급금[1] 8,000,000

[1] 일반적인 상거래(기업의 주된 영업활동) 이외의 거래이므로 어음을 발행하더라도 '미지급금' 계정으로 회계처리한다.

07 4월 7일 (차) 차량운반구 21,100,000 (대) 미지급금[1] 15,000,000
보통예금 5,000,000
현금 1,100,000

[1] 일반적인 상거래(기업의 주된 영업활동) 이외의 거래에서 발생한 지급채무이므로 '미지급금' 계정으로 회계처리하되, 실무에서 지급채무에 대한 거래처를 관리할 때 신용카드로 결제하여 발생한 지급채무는 그 거래처를 '㈜미래자동차'가 아니라 '국민카드'로 기록하여 관리하여야 한다.

08 4월 8일 (차) 보통예금 800,000 (대) 선수금 800,000

09 4월 9일 지난달 매출 계약한 하나상사에 상품 3,000,000원을 판매하고, 계약금 300,000원을 차감한 대금 중 1,000,000원은 현금으로 받고 잔액은 외상으로 하였다.

[전산회계 2급 제48회]

10 4월 25일 당월분 영업사원 급여를 다음과 같이 보통예금 계좌에서 종업원 급여계좌로 이체하였다.

[전산회계 2급 제55회]

성 명	직 급	급 여	원천징수세액		차감지급액
			소득세	지방소득세	
한복판	과 장	4,200,000원	250,000원	25,000원	3,925,000원
장병지	대 리	3,500,000원	180,000원	18,000원	3,302,000원
계		7,700,000원	430,000원	43,000원	7,227,000원

11 4월 10일 3월분 급여 지급 시 원천징수했던 근로소득세 120,000원과 지방소득세 12,000원을 현금으로 납부하였다.

[전산회계 2급 제80회]

12 4월 12일 보통예금 계좌에 2,000,000원이 입금되었으나, 입금자명이 불분명하여 그 내역을 확인할 수 없다. (가수금 계정을 사용하기로 한다)

[전산회계 2급 제85회]

13 4월 13일 지난달 20일 자 가수금 3,000,000원 중 1,000,000원은 ㈜대부에 대한 상품매출의 계약금이고 나머지는 동사의 외상매출금을 회수한 것으로 확인되었다.

[전산회계 1급 제41회]

14 12월 31일 3년 전에 금화은행에서 차입한 장기차입금 중에서 내년에 만기가 도래하는 차입금 40,000,000원이 있다. 기말수정분개를 하시오.

[전산회계 1급 제29회]

15 4월 15일 사무실 공간의 일부를 ㈜덕산에 임대하는 임대차계약을 맺고 보증금 15,000,000원을 보통예금 계좌로 송금받았다.

[전산회계 1급 제45회]

16 4월 16일 수익 증대를 위하여 사무실 공간 일부를 2년간 성일문구에 임대하기로 계약하고, 보증금 2,000,000원과 1개월분 임대료 300,000원을 보통예금으로 이체받았다.

[전산회계 2급 제65회]

정답 및 해설

09 4월 9일	(차) 선수금	300,000	(대) 상품매출	3,000,000
	현금	1,000,000		
	외상매출금	1,700,000		
10 4월 25일	(차) 급여	7,700,000	(대) 예수금	473,000
			보통예금	7,227,000
11 4월 10일	(차) 예수금	132,000	(대) 현금	132,000
12 4월 12일	(차) 보통예금	2,000,000	(대) 가수금	2,000,000
13 4월 13일	(차) 가수금	3,000,000	(대) 선수금	1,000,000
			외상매출금	2,000,000
14 12월 31일	(차) 장기차입금	40,000,000	(대) 유동성장기부채	40,000,000
15 4월 15일	(차) 보통예금	15,000,000	(대) 임대보증금	15,000,000
16 4월 16일	(차) 보통예금	2,300,000	(대) 임대보증금	2,000,000
			임대료	300,000

01 다음 분개를 총계정원장에 전기할 때 각 계정의 (가)와 (나)에 들어갈 내용을 바르게 짝지은 것은?

[05' 대입수능]

| 11/17 (차) 현금 | 100,000 | (대) 단기차입금 | 100,000 |

현 금

날 짜		적 요	분 면	금 액	날 짜		적 요	분 면	금 액
11	17	(가)		100,000					

단기차입금

날 짜		적 요	분 면	금 액	날 짜		적 요	분 면	금 액
					11	17	(나)		100,000

	(가)	(나)
①	제 좌	현 금
②	제 좌	단기차입금
③	현 금	단기차입금
④	단기차입금	제 좌
⑤	단기차입금	현 금

02 ㈜한국이 차입금 ₩1,000과 이자 ₩120을 현금으로 변제 및 지급하였다. 이 거래에 대한 분석으로 옳은 것은?

[13' 국가직 공무원 9급]

① (차) 자산의 증가   (대) 부채의 증가와 수익의 발생

② (차) 자산의 증가   (대) 자산의 감소와 수익의 발생

③ (차) 부채의 감소와 비용의 발생   (대) 자산의 감소

④ (차) 자산의 증가와 비용의 발생   (대) 자산의 감소

정답 및 해설

01 ⑤ · 총계정원장의 작성방법

증가·감소 금액 기재	· 계정과목이 차변에 분개 되었다면 그 금액을 해당 계정과목의 총계정원장에 차변에 기재한다. · 계정과목이 대변에 분개 되었다면 그 금액을 해당 계정과목의 총계정원장에 대변에 기재한다.
상대 계정과목 기재	· 총계정원장에 증가·감소 금액을 기재할 때에는, 그 금액이 어떻게 분개 되었던 것인지에 대한 정보를 제공하기 위하여 분개에서 해당 계정과목이 기록되었던 위치(예를 들어, 차변)의 반대편(대변)에 기록되어 있던 계정과목 이름을 기재한다.

· 총계정원장의 작성방법 요약 : 분개장에 있는 분개를 총계정원장으로 전기할 때, 금액은 자기 금액을 적고, 계정과목은 상대 계정과목을 적는다.

· 총계정원장을 작성할 때 사용하는 '제좌'라는 용어는 '여러 계정과목이 있음'을 뜻한다.

02 ③   (차) 차입금(부채의 감소)   1,000   (대) 현금(자산의 감소)   1,120

           이자비용(비용의 발생)   120

03 아래의 자료는 ○○㈜의 갑상품 매출과 관련된 거래를 나타낸 것이다. ○○㈜의 4월 15일 분개로 옳은 것은?

[12' 대입수능]

> • 4월 11일 △△㈜로부터 갑상품 ₩200,000에 대한 매출 계약금 ₩20,000을 현금 수취하였다.
> • 4월 15일 △△㈜에게 갑상품 ₩200,000을 인도하고 계약금을 제외한 잔액을 외상 매출하였다.

① (차) 미지급금   200,000   (대) 상품매출   200,000

② (차) 외상매출금   200,000   (대) 상품매출   200,000

③ (차) 선수금   20,000   (대) 상품매출   200,000
      외상매출금   180,000

④ (차) 미수금   20,000   (대) 상품매출   200,000
      외상매출금   180,000

⑤ (차) 예수금   20,000   (대) 상품매출   200,000
      외상매출금   180,000

04 아래의 자료는 계정과목에 대한 설명이다. (가) ~ (다)의 내용과 〈보기〉의 계정과목을 바르게 짝지은 것은?

[06' 대입수능]

(가) 상품을 주문 받고 대금의 일부를 계약금 명목으로 미리 받았을 경우에 사용

(나) 현금 수입은 있었으나 처리할 계정과목이나 금액이 미확정인 경우에 사용

(다) 급여 지급 시 종업원이 납부할 소득세, 건강보험료 등을 일시적으로 보관할 경우에 사용

━━━━━━━━━━━ 〈보기〉 ━━━━━━━━━━━
ㄱ. 가수금   ㄴ. 선수금   ㄷ. 예수금

	(가)	(나)	(다)
①	ㄱ	ㄴ	ㄷ
②	ㄱ	ㄷ	ㄴ
③	ㄴ	ㄱ	ㄷ
④	ㄴ	ㄷ	ㄱ
⑤	ㄷ	ㄴ	ㄱ

정답 및 해설

03 ③
• 4월 11일	(차) 현금	20,000	(대) 선수금	20,000
• 4월 15일	(차) 선수금	20,000	(대) 상품매출	200,000
	외상매출금	180,000		

04 ③
- 선수금 : 계약금 성격으로 미리 받은 대금
- 가수금 : 금전을 수취하였으나 그 내용이 확정되지 않았을 경우 그 내용이 확정될 때까지 임시적으로 사용하는 계정과목
- 예수금 : 최종적으로는 제3자에게 지급해야 할 금액을 거래처나 종업원으로부터 미리 받아 일시적으로 보관하고 있는 금액

제**5**절 | 자본

01 자본의 정의

자본이란 자산총액에서 부채총액을 차감한 잔액을 말하며, 이를 순자산, 자기자본, 잔여지분이라고도 한다.

재무상태표를 작성할 때, 법인기업은 자본을 자본금, 자본잉여금, 자본조정, 기타포괄손익누계액, 이익잉여금으로 구분하여 표시한다. 이와 달리, 개인기업은 자본을 자본금으로만 표시한다.

02 개인기업의 자본

(1) 특징

개인기업은 자본이 자본금으로만 구성되어 있다.

개인기업에서는 기업주가 기업의 자본금을 자유롭게 인출하거나 추가 출자할 수 있고, 출자액뿐만 아니라 경영성과로 인한 순이익도 자본금으로 합산된다.

(2) 개인기업에서 재무상태표와 손익계산서의 관계

재무상태표의 기초 자본

+ 추가 출자액 – 인출액

+ 손익계산서의 당기순이익[1]

= 재무상태표의 기말 자본

[1] 분개 : (차) 집합손익　　　　　　xxx　　　(대) 자본금　　　　　　xxx

(3) 인출 또는 추가 출자에 대한 회계처리

개인기업에서는 기업주의 출자액 인출이나 추가 출자가 빈번하게 일어나므로 기중의 출자액 증감에 대하여는 자본금 계정에 직접 반영시키지 않고 인출금이라는 임시 계정과목을 사용한다. 그리고 기말 결산 때 인출금 계정의 잔액을 자본금 계정으로 대체하는 회계처리를 하여 인출금 계정이 최종 재무제표에는 나타나지 않게 한다.

① 인출

(차) 인출금	×××	(대) [계정명]	×××
[사례] 4월 10일 개인기업의 기업주가 자녀 대학등록금에 사용하기 위하여 출자액 중 20,000원을 보통예금으로 인출하였다.			
4월 10일 (차) 인출금	20,000	(대) 보통예금	20,000

② 추가 출자

(차) [계정명]	×××	(대) 인출금	×××
[사례] 6월 20일 개인기업의 기업주가 사업 확장을 위하여 보통예금 30,000원을 추가 출자하였다.			
6월 20일 (차) 보통예금	30,000	(대) 인출금	30,000

③ 기말 결산 시 인출금 계정 잔액을 자본금 계정으로 대체

인출액 > 추가 출자액 : 인출금 계정의 잔액이 차변에 남아 있음			
(차) 자본금	×××	(대) 인출금	×××
인출액 < 추가 출자액 : 인출금 계정의 잔액이 대변에 남아 있음			
(차) 인출금	×××	(대) 자본금	×××
[사례] 12월 31일 결산일 현재 인출금 계정의 대변 잔액 10,000원을 자본금 계정으로 대체하였다.			
12월 31일 (차) 인출금	10,000	(대) 자본금	10,000

03 | 법인기업의 자본에 해당하는 계정과목

(1) 자본금

자본금이란 주주가 납입한 법정자본금을 말한다. 이는 '주당 **액면금액**[1] × 발행주식수'로 계산한 금액이다.

[1] 주당 발행금액 아님

계정과목	내 용
자본금	기업이 발행한 주식의 액면금액

(2) 자본잉여금

자본잉여금이란 주식의 발행 등 주주와의 자본거래에서 발생하여 자본을 증가시키는 잉여금을 말한다.

계정과목	내 용
주식발행초과금	주식을 발행할 때 발행금액이 액면금액보다 큰 경우 그 차액

(3) 자본조정

자본조정이란 당해 항목의 성격상 자본거래에 해당하나 최종 납입된 자본으로 볼 수 없는 것, 또는 자본 총액에 대한 가산·차감 성격이 있으나 자본금·자본잉여금으로 분류할 수 없는 것을 말한다.

계정과목	내 용
주식할인발행차금	주식을 발행할 때 발행금액이 액면금액보다 작은 경우 그 차액

(4) 기타포괄손익누계액

기타포괄손익누계액이란 당기 수익·비용으로 분류할 수 없는 잠재적인 손익항목(기타포괄손익)에 대한 누적액을 말한다.

기타포괄손익누계액에 해당하는 계정과목은 이 책의 학습범위를 벗어나므로 소개를 생략하기로 한다.

(5) 이익잉여금

이익잉여금이란 매기 손익거래에서 벌어들인 이익(손익계산서상 당기순이익) 중 사외유출(배당) 되지 않고 사내에 유보되어 온 금액을 말한다.

계정과목	내 용
미처분이익잉여금	매기 발생한 손익계산서상 당기순이익 중에서 배당 등으로 처분되지 않고 남아 있는 금액 **참고** 당기순손실이 발생하여 금액이 마이너스(−)인 경우에는 미처리결손금 계정과목을 사용함

04 주식의 발행 (유상증자)

주식을 발행하면 자본금이 증가하므로, 주식의 발행을 증자라고 한다.

일반적으로 주식을 발행하면 발행금액만큼 자산이 증가하거나 부채가 감소하므로 순자산이 증가하는데, 순자산의 증가를 수반하는 주식의 발행을 유상증자라고 한다.

(1) 주식의 발행유형

주식의 발행유형은 발행금액과 액면금액 간의 관계에 따라 액면발행, 할증발행, 할인발행으로 구분할 수 있다.

주식의 발행유형	발행금액과 액면금액 간의 관계	비 고
액면발행	발행금액 = 액면금액	−
할증발행	발행금액 > 액면금액	발행금액과 액면금액의 차액 : 주식발행초과금 (자본잉여금)
할인발행	발행금액 < 액면금액	발행금액과 액면금액의 차액 : 주식할인발행차금 (자본조정)

(2) 주식의 발행 회계처리

① 액면발행

(차) [계정명]	xxx	(대) 자본금	xxx
[사례] 주당 액면금액이 1,000원인 주식 100주를 주당 1,000원에 발행하고 대금은 보통예금 계좌로 송금받았다.			
(차) 보통예금	100,000	(대) 자본금	100,000

② 할증발행

(차) [계정명]	xxx	(대) 자본금	xxx
		주식발행초과금	xxx
[사례] 주당 액면금액이 1,000원인 주식 100주를 주당 1,200원에 발행하고 대금은 보통예금 계좌로 송금받았다.			
(차) 보통예금	120,000	(대) 자본금	100,000
		주식발행초과금	20,000

③ 할인발행

(차) [계정명]	xxx	(대) 자본금	xxx
주식할인발행차금	xxx		
[사례] 주당 액면금액이 1,000원인 주식 100주를 주당 900원에 발행하고 대금은 보통예금 계좌로 송금받았다.			
(차) 보통예금	90,000	(대) 자본금	100,000
주식할인발행차금	10,000		

법인기업에서 재무상태표와 손익계산서의 관계

재무상태표의 기초 자본

+ 유상증자 − 현금배당[2] ± 그 외 순자산 변동을 가져오는 주주와의 자본거래[3]

+ 손익계산서의 당기순이익[1] ± 기타포괄손익누계액의 증가·감소[3]

= 재무상태표의 기말 자본

[1] 분개 : (차) 집합손익 xxx (대) 미처분이익잉여금 xxx

[2] • 현금배당이란 회사가 창출한 이익을 주주총회를 거쳐 주주들에게 금전으로 배분하는 것을 말한다.
• 분개 : (차) 미처분이익잉여금 xxx (대) 현금 등 xxx

[3] 이 책의 학습범위를 벗어남

기출분개연습

01 5월 1일 당사는 개인기업이며, 기업주의 가계비용을 지급하기 위하여 출자액 중 550,000
원을 보통예금으로 인출하였다. (자본금에 대한 평가계정으로 처리할 것)

[전산회계 2급 제14회]

02 5월 2일 당사는 개인기업이며, 기업주가 사업 확장을 위하여 10,000,000원을 추가로 출
자하여 당사 보통예금 계좌에 입금하였다. (자본금에 대한 평가계정으로 처리할 것)

[전산회계 2급 제23회]

03 12월 31일 당사는 개인기업이며, 기말 결산 시 인출금 계정 차변잔액 800,000원을 자본금
계정으로 대체하였다.

[전산회계 2급 제66회 수정]

04 5월 4일 당사는 법인기업이며, 유상증자를 위하여 신주 10,000주(주당 액면금액 5,000원)를 1주당 8,000원에 발행하여 대금이 보통예금 계좌로 입금되었다.

[전산세무 2급 제58회 수정]

정답 및 해설

01	5월 1일	(차) 인출금	550,000		(대) 보통예금		550,000
02	5월 2일	(차) 보통예금	10,000,000		(대) 인출금		10,000,000
03	12월 31일	(차) 자본금	800,000		(대) 인출금		800,000
04	5월 4일	(차) 보통예금	80,000,000		(대) 자본금		50,000,000
					주식발행초과금		30,000,000

01 다음은 ㈜한국의 기말 현재 각 계정과목에 대한 잔액이다. 괄호 안에 들어갈 금액은?

[13' 국가직 공무원 9급 수정]

• 현금	₩180	• 단기대여금	₩120
• 매출채권	₩235	• 선급금	₩30
• 상품	₩85	• 건물	₩400
• 매입채무	₩130	• 예수금	₩50
• 자본금	( )	• 이익잉여금	₩250

① ₩380   ② ₩620   ③ ₩870   ④ ₩1,050

02 행복상사의 기초자산은 ₩500,000, 기말자산은 ₩700,000이다. 기말의 부채는 ₩400,000이고 당기순이익이 ₩30,000이며 기중 자본거래는 없다면 기초부채는? [10' 지방직 공무원 9급]

① ₩200,000   ② ₩230,000   ③ ₩260,000   ④ ₩290,000

03 다음은 개인기업인 ○○상회의 손익 계정과 자본금 계정이다. 이에 대한 설명으로 옳은 것을 〈보기〉에서 고른 것은?

[10' 대입수능]

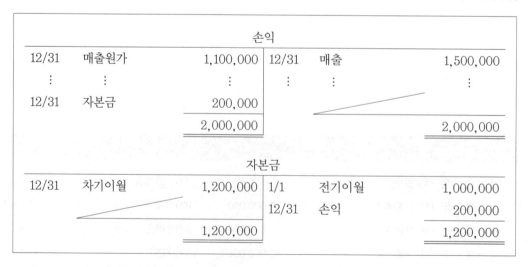

손익					
12/31	매출원가	1,100,000	12/31	매출	1,500,000
⋮	⋮	⋮	⋮	⋮	⋮
12/31	자본금	200,000			
		2,000,000			2,000,000

자본금					
12/31	차기이월	1,200,000	1/1	전기이월	1,000,000
			12/31	손익	200,000
		1,200,000			1,200,000

─〈보기〉─

ㄱ. 당기의 매출액은 ₩1,500,000이다.

ㄴ. 당기순이익이 ₩200,000 발생하였다.

ㄷ. 전기로부터 이월된 자본금은 ₩1,200,000이다.

ㄹ. 차기로 이월되는 자본금은 ₩1,000,000이다.

① ㄱ, ㄴ   ② ㄱ, ㄷ   ③ ㄴ, ㄷ   ④ ㄴ, ㄹ   ⑤ ㄷ, ㄹ

정답 및 해설

01 ② ・자산 = 부채 + 자본

・현금 + 단기대여금 + 매출채권 + 선급금 + 상품 + 건물

= 매입채무 + 예수금 + 자본금 + 이익잉여금

→ 180 + 120 + 235 + 30 + 85 + 400 = 130 + 50 + ? + 250

∴ 자본금 = 620원

02 ② ・기말 재무상태표

		기말부채	400,000
기말자산	700,000	기말자본	300,000

・기초 자본 + 당기순이익 = 기말 자본

→ ? + 30,000 = 300,000

∴ 기초 자본 = 270,000

・기초 재무상태표

		기초부채	230,000
기초자산	500,000	기초자본	270,000

03 ① ・개인기업의 수익·비용 계정 마감

(차) 여러 수익	2,000,000	(대) 집합손익	2,000,000
(차) 집합손익	1,800,000	(대) 여러 비용	1,800,000
(차) 집합손익	200,000	(대) 자본금	200,000

・기초 자본금 + 당기순이익 = 기말 자본금

→ 1,000,000 + 200,000 = ?

∴ 기말 자본금 = 1,200,000원

04 다음은 개인기업인 ○○상점의 재무상태표 일부와 제4기 [경영 성과 및 자본 변동 내역]이다. (가)의 금액으로 옳은 것은? [20' 대입수능]

재무상태표
제4기 20x2년 12월 31일 현재
제3기 20x1년 12월 31일 현재

○○상점 (단위 : 원)

과 목	당 기	전 기
⋮	⋮	⋮
자산 총계	(가)	100,000
⋮	⋮	⋮
부채 총계	48,000	35,000

[경영 성과 및 자본 변동 내역]
- 총수익 ₩45,000
- 추가 출자액 ₩4,000
- 총비용 ₩34,000
- 인출액 ₩5,000

① ₩113,000　② ₩118,000　③ ₩123,000　④ ₩124,000　⑤ ₩133,000

05 다음의 장부마감 전 자료를 토대로 계산한 기말 자본은? [16' 국가직 공무원 9급 수정]

- 수익 합계　₩2,000,000
- 자본금　₩1,000,000
- 미처분이익잉여금　₩700,000
- 비용 합계　₩1,000,000
- 주식발행초과금　₩500,000

① ₩3,500,000　② ₩3,300,000　③ ₩3,200,000　④ ₩3,000,000

06 ㈜한국의 20×1년 재무상태와 재무성과 자료는 다음과 같다.

구 분	기 초	기 말
총자산	₩5,000,000	₩6,500,000
총부채	₩2,000,000	?
총수익		₩1,000,000
총비용		₩800,000

20×1년 기중에 ₩500,000을 유상증자 하였으며, ₩100,000을 현금배당 하였을 경우, 기말부채는? (단, 다른 자본항목의 변동은 없다) [20' 국가직 공무원 9급]

① ₩2,700,000　② ₩2,900,000　③ ₩3,600,000　④ ₩4,300,000

정답 및 해설

04 ③ • 기초 자산 = 기초 부채 + 기초 자본
→ 100,000 = 35,000 + ?
∴ 기초 자본 = 65,000원
• 기초 자본 + (추가 출자액 − 인출액) + 당기순이익 = 기말 자본
→ 65,000 + (4,000 − 5,000) + (45,000 − 34,000) = ?
∴ 기말 자본 = 75,000원
• 기말 자산 = 기말 부채 + 기말 자본
→ ? = 48,000 + 75,000
∴ 기말 자산 (가) = 123,000원

05 ③ • 장부마감 전 자본총계

자본금	1,000,000
주식발행초과금	500,000
미처분이익잉여금	700,000[1]
자본총계	2,200,000

[1] 수정전시산표 및 수정후시산표에서 미처분이익잉여금 계정은 당기순이익이 반영되기 전 금액으로 표시한다.

• 수익·비용 계정의 마감

(차) 여러 수익	2,000,000	(대) 집합손익	2,000,000
(차) 집합손익	1,000,000	(대) 여러 비용	1,000,000
(차) 집합손익	1,000,000	(대) 미처분이익잉여금	1,000,000

• 재무상태표상 자본총계 = 장부마감 전 자본총계 + 당기순이익
= 2,200,000 + 1,000,000
= 3,200,000원

06 ② • 기초 자산 = 기초 부채 + 기초 자본
→ 5,000,000 = 2,000,000 + ?
∴ 기초 자본 = 3,000,000원
• 기초 자본 + 유상증자 − 현금배당 + 당기순이익 = 기말 자본
→ 3,000,000 + 500,000 − 100,000 + (1,000,000 − 800,000) = ?
∴ 기말 자본 = 3,600,000원
• 기말 자산 = 기말 부채 + 기말 자본
→ 6,500,000 = ? + 3,600,000
∴ 기말 부채 = 2,900,000원

01 손익계산서 양식

Ⅰ. 매출액

Ⅱ. 매출원가

Ⅲ. 매출총이익   (= 매출액 − 매출원가)

Ⅳ. 판매비와관리비

Ⅴ. 영업이익   (= 매출총이익 − 판매비와관리비)

Ⅵ. 영업외수익

Ⅶ. 영업외비용

Ⅷ. 법인세비용차감전순이익   (= 영업이익 + 영업외수익 − 영업외비용)

Ⅸ. 법인세비용

Ⅹ. 당기순이익   (= 법인세비용차감전순이익 − 법인세비용)

｜♀ 용어 알아두기 ｜

- 매출총이익률 = $\dfrac{\text{매출총이익}}{\text{매출액}}$

- 영업이익률 = $\dfrac{\text{영업이익}}{\text{매출액}}$

(1) 매출액의 정의

매출액이란 기업의 주된 영업활동에서 발생하는 수익을 말한다.

(2) 매출액에 해당하는 계정과목

상기업에서 매출액에 해당하는 계정과목은 상품매출이고, 제조기업에서 매출액에 해당하는 계정과목은 제품매출이다.

계정과목	내 용
상품매출	상기업의 주된 영업활동으로서 외부에 판매한 상품의 판매금액
제품매출	제조기업의 주된 영업활동으로서 외부에 판매한 제품의 판매금액
매출환입	매출한 상품 중 하자나 파손이 발견되어 해당 물품을 반품받은 것 참고 상품매출의 차감계정
매출에누리	매출한 상품 중 하자나 파손이 발견되어 값을 깎는 것 참고 상품매출의 차감계정
매출할인	상품의 구매자로부터 외상매출대금을 조기에 회수하여 약정에 따라 할인해 주는 것 참고 상품매출의 차감계정

(3) 상품매출의 회계처리

> 매출액 = 당기(순)매출액
> = 총매출액 − 매출환입 − 매출에누리 − 매출할인

① 총매출액

(차) [계정명]	xxx	(대) 상품매출	xxx
[사례] 1월 10일 상품을 30,000원에 판매하고 대금은 한 달 후에 받기로 하였다.			
1월 10일 (차) 외상매출금　　30,000		(대) 상품매출	30,000

② 매출환입 및 매출에누리

(차) 매출환입, 매출에누리	×××	(대) 외상매출금	×××
[사례] 1월 12일 이틀 전에 판매했던 상품 중에서 일부 파손이 발견되어 외상매출대금 중 5,000원을 깎아주기로 하였다.			
1월 12일 (차) 매출에누리	5,000	(대) 외상매출금	5,000

③ 매출할인

(차) [계정명]	×××	(대) 외상매출금	×××
매출할인	×××		
[사례] 1월 18일 8일 전에 판매했던 상품의 외상매출대금 25,000원에 대하여 현금으로 결제받았다. 구매자와의 약정에 따라 조기 결제금액인 25,000원의 2%를 할인해 주었다.			
1월 18일 (차) 현금	24,500	(대) 외상매출금	25,000
매출할인	500[1]		

[1] 25,000원 × 2% = 500원

> 참고 매출할인 조건의 표시방법
>
> 실무에서 매출할인 조건은 아래의 예시와 같이 표시한다.
>
> | 2/10, n/30 |
> |---|
>
> • 2/10 : 10일 이내에 대금을 결제하면 2%를 할인해 준다는 의미
> • n/30 : 늦어도 30일 이내에는 대금을 전액 결제하여야 한다(신용공여기한)는 의미

④ 당기순매출액

= 총매출액 − 매출환입 − 매출에누리 − 매출할인

= 30,000 − 0 − 5,000 − 500

= 24,500원

03 매출원가

(1) 매출원가의 정의

매출원가란 매출액에 직접 대응되는 비용을 말한다.

(2) 매출원가에 해당하는 계정과목

상기업에서 매출원가에 해당하는 계정과목은 상품매출원가이고, 제조기업에서 매출원가에 해당하는 계정과목은 제품매출원가이다.

계정과목	내 용
상품매출원가	상기업의 주된 영업활동으로서 당기에 판매한 상품들의 당초 구입원가
제품매출원가	제조기업의 주된 영업활동으로서 당기에 판매한 제품들의 제조원가

(3) 상품매출원가의 회계처리

상품매출원가 = 기초상품재고액 + 당기상품(순)매입액 - 기말상품재고액

= 판매가능상품금액 - 기말상품재고액

당기상품(순)매입액 = 매입가액 + 취득부대비용 - 매입환출 - 매입에누리 - 매입할인

(차) 상품매출원가	xxx	(대) 상품	xxx

[사례] 12월 31일 기말 결산 시 상품매출원가를 계산하고 상품 계정을 상품매출원가 계정으로 대체하는 분개를 하여 보자.

- 기초 재무상태표상 상품 계정 금액 : 2,000원
- 당기 상품 순매입액 : 60,000원
- 기말 결산 시 실지재고조사를 통하여 파악한 상품 재고액 : 5,000원

12월 31일 (차) 상품매출원가 57,000[1] (대) 상품 57,000

[1] 기초재고 + 당기매입 - 기말재고 = 2,000 + 60,000 - 5,000 = 57,000원

04 판매비와관리비

(1) 판매비와관리비의 정의

판매비와관리비란 상품(제품)의 판매활동과 기업의 관리활동에서 발생하는 비용으로서 매출원가에 속하지 않는 모든 영업비용을 말한다.

(2) 판매비와관리비에 해당하는 계정과목

계정과목	내용
급여	종업원에게 근로의 대가로 지급하는 급여와 수당
상여금	종업원에게 지급하는 상여금과 보너스
잡급	일용직 근로자에게 지급하는 일당
복리후생비	종업원의 근로환경 개선 및 근로의욕 향상을 위한 지출 예 식대, 차·음료, 당사 종업원의 경조사비, 직장체육대회, 야유회, 피복비
여비교통비	종업원의 업무와 관련된 여비(출장)와 교통비(이동) 예 출장에 따른 철도운임, 항공운임, 숙박료, 식사대, 시내교통비, 주차료, 통행료
기업업무추진비	영업을 목적으로 거래처와의 관계를 유지하기 위하여 소요되는 지출 예 거래처 접대비, 거래처 선물대금, 거래처 경조사비 참고 종전의 '접대비'에서 '기업업무추진비'로 계정과목 명칭이 변경되었음
통신비	전화, 핸드폰, 인터넷, 우편 등의 요금 예 전화료, 정보통신료, 우편료
수도광열비	수도, 전기, 가스, 난방 등의 요금 예 상하수도 요금, 전기 요금, 도시가스 요금, 난방용 유류대
세금과공과	세금과 공과금 예 재산세, 자동차세, 대한상공회의소 회비, 협회비, 벌금, 과태료
감가상각비	건물, 기계장치, 차량운반구 등 유형자산의 당해 연도 가치감소분에 대한 비용 인식분
무형자산상각비	산업재산권, 개발비, 소프트웨어 등 무형자산의 당해 연도 가치감소분에 대한 비용 인식분
임차료	타인의 토지, 건물, 기계장치, 차량운반구 등을 임차하여 그 사용료로 지불하는 비용 예 사무실 임차료, 복사기 임차료
수선비	건물, 기계장치 등의 현상유지를 위한 수리비용 예 건물 수리비, 비품 수리비

보험료	보험에 가입하고 납부하는 보험료 예 화재 보험료, 자동차 보험료
차량유지비	차량의 유지와 수선에 소요되는 지출 예 유류대, 차량 수리비, 차량 검사비, 정기주차료
운반비	기업의 주된 영업활동인 상품(제품)을 매출하는 과정에서 발생하는 운송료 예 상·하차비, 배달비 참고 상품을 취득하는 과정에서 발생하는 운송료는 취득부대비용에 해당하므로 상품 계정으로 회계처리함
교육훈련비	종업원의 직무능력 향상을 위한 교육 및 훈련에 소요되는 지출 예 강사 초청료, 교육장 대관료, 위탁 교육비
도서인쇄비	도서 구입비, 신문이나 잡지 구독료, 인쇄비 등에 소요되는 지출 예 도서 대금, 신문·잡지 구독료, 제본비, 명함인쇄비
소모품비	소모성 사무용품 등을 구입하는 데 소요되는 지출 예 복사 용지, 문구류, 소모자재
수수료비용	용역(서비스)을 제공받고 지불하는 비용 예 은행의 송금수수료, 어음의 추심수수료, 신용카드 결제수수료, 세무기장료, 무인 경비시스템 이용료
광고선전비	상품(제품)의 판매촉진을 위하여 불특정 다수인을 대상으로 광고하고 선전하는 활동에 소요되는 지출 예 TV 광고료, 신문 광고료, 광고물 제작비, 선전용품 제작비
잡 비	판매비와관리비에는 해당하나 그 금액이 중요하지 않은 지출

참고 차량과 관련된 비용의 계정과목

- 여비교통비 : 출장에 따른 주차료 및 통행료
- 차량유지비 : 유류대, 차량 수리비, 차량 검사비, 정기주차료
- 보험료 : 자동차보험료
- 세금과공과 : 자동차세, 벌금, 과태료

(3) 판매비와관리비의 회계처리

(차) 해당 비용 계정(판매비와관리비) xxx		(대) [계정명]		xxx

[사례] 사무실 직원들의 야근 식대 100,000원을 현금으로 지급하였다.

(차) 복리후생비	100,000	(대) 현금	100,000

[사례] 당사 종업원의 결혼축하금 50,000원을 현금으로 지급하였다.

(차) 복리후생비	50,000	(대) 현금	50,000

[사례] 종업원의 시내출장비 30,000원을 현금으로 지급하였다.

(차) 여비교통비	30,000	(대) 현금	30,000

[사례] 거래처 사장과 A식당에서 저녁식사를 하고 식사대금 50,000원을 당사 신용카드(비씨카드)로 결제하였다.

(차) 기업업무추진비	50,000	(대) 미지급금[1]	50,000

[1] 일반적인 상거래 이외의 거래에서 발생한 지급채무이므로 미지급금 계정으로 회계처리하되, 실무에서 지급채무에 대한 거래처를 관리할 때 신용카드로 결제하여 발생한 지급채무는 그 거래처를 A식당이 아니라 비씨카드로 기록하여 관리하여야 한다.

[사례] 거래처 직원의 결혼 축하금 50,000원을 현금으로 지급하였다.

(차) 기업업무추진비[2]	50,000	(대) 현금	50,000

[2] 당사 종업원의 경조사비인 경우에는 복리후생비 계정으로, 거래처 관련 경조사비인 경우에는 기업업무추진비 계정으로 회계처리한다.

[사례] 우체국에서 업무용 서류를 등기우편으로 발송하고 우편요금 20,000원을 현금으로 지급하였다.

(차) 통신비	20,000	(대) 현금	20,000

[사례] 인터넷 사용료 30,000원이 보통예금 통장에서 자동인출되었다.

(차) 통신비	30,000	(대) 보통예금	30,000

[사례] 사무실 난방용 유류 80,000원을 구입하고 대금을 현금으로 지급하였다.

(차) 수도광열비	80,000	(대) 현금	80,000

[사례] 대한상공회의소 회비 50,000원을 현금으로 납부하였다.

(차) 세금과공과	50,000	(대) 현금	50,000

[사례] 회사 보유 차량에 대한 자동차세 200,000원을 현금으로 납부하였다.

| (차) 세금과공과 | 200,000 | (대) 현금 | 200,000 |

[사례] 사무실 임차료 200,000원을 보통예금 계좌에서 이체하여 지급하였다. 계좌 이체 과정에서 수수료 1,000원이 발생하여 보통예금으로 지급하였다.

| (차) 임차료 | 200,000 | (대) 보통예금 | 201,000 |
| 수수료비용 | 1,000 | | |

[사례] 사무실 복사기를 수리하고 수리비 50,000원을 현금으로 지급하였다. (수익적 지출로 처리할 것)

| (차) 수선비[3] | 50,000 | (대) 현금 | 50,000 |

[3] 수익적 지출인 경우에는 수선비 계정 등 당기 비용으로, 자본적 지출인 경우에는 해당 자산 계정으로 회계처리한다.

[사례] 업무용 차량에 대한 자동차 보험에 가입하고 보험료 300,000원을 현금으로 지급하였다.

| (차) 보험료 | 300,000 | (대) 현금 | 300,000 |

[사례] 업무용 차량에 주유하고 대금 80,000원을 현금으로 지급하였다.

| (차) 차량유지비 | 80,000 | (대) 현금 | 80,000 |

[사례] 업무용 차량의 1개월 정기주차료 100,000원을 현금으로 지급하였다.

| (차) 차량유지비 | 100,000 | (대) 현금 | 100,000 |

[사례] 고객사에 상품을 판매하고 택배로 발송하면서 택배비 20,000원을 현금으로 지급하였다.

| (차) 운반비 | 20,000 | (대) 현금 | 20,000 |

[사례] 신입사원 교육을 위해 위탁교육기관에 교육비 100,000원을 현금으로 지급하였다.

| (차) 교육훈련비 | 100,000 | (대) 현금 | 100,000 |

[사례] 영업부서에서 구독하는 월간지와 신문대금 30,000원을 현금으로 지급하였다.

| (차) 도서인쇄비 | 30,000 | (대) 현금 | 30,000 |

[사례] 사무실에서 사용할 복사 용지를 50,000원에 현금으로 구입하였다. (비용으로 처리할 것)

| (차) 소모품비[4] | 50,000 | (대) 현금 | 50,000 |

[4] 소모성 사무용품을 구입할 때, 비용으로 처리하는 경우에는 소모품비 계정으로, 자산으로 처리하는 경우에는 소모품 계정으로 회계처리한다.

[사례] 회계법인에 세무기장료 200,000원을 현금으로 지급하였다.

(차) 수수료비용 　　　　　　200,000　　　　(대) 현금 　　　　　　　　200,000

[사례] 사무실 건물 구입과 관련하여 공인중개사 수수료 300,000원을 현금으로 지급하였다.

(차) 건물[5] 　　　　　　　　300,000　　　　(대) 현금 　　　　　　　　300,000

[5] 건물 취득 과정에서 발생하는 중개인수수료는 취득부대비용에 해당하므로 해당 자산 계정으로 회계처리한다.

[사례] 사무실 건물 임차와 관련하여 공인중개사 수수료 300,000원을 현금으로 지급하였다.

(차) 수수료비용[6] 　　　　　300,000　　　　(대) 현금 　　　　　　　　300,000

[6] 건물 임차 과정에서 발생하는 중개인수수료는 취득부대비용에 해당하지 않으므로 당기 비용인 수수료비용 계정으로 회계처리한다.

[사례] 새벽일보에 회사 광고를 게재하고 광고료 200,000원을 현금으로 지급하였다.

(차) 광고선전비 　　　　　　200,000　　　　(대) 현금 　　　　　　　　200,000

[사례] 광고용 전단지 인쇄대금 30,000원을 현금으로 지급하였다.

(차) 광고선전비 　　　　　　30,000　　　　　(대) 현금 　　　　　　　　30,000

05 영업외수익

(1) 영업외수익의 정의

영업외수익이란 기업의 주된 영업활동이 아닌 부수적인 활동에서 발생하는 수익을 말한다.

(2) 영업외수익에 해당하는 계정과목

계정과목	내 용
이자수익	예금이나 대여금에서 받는 이자
임대료	임대업을 주업으로 하지 않는 기업이 타인에게 동산이나 부동산을 임대하고 받는 대가
유형자산처분이익	유형자산을 처분할 때, 처분금액이 처분 전 장부금액보다 클 경우 그 차액
잡이익	영업외수익에는 해당하나 그 금액이 중요하지 않은 수익

(3) 영업외수익의 회계처리

(차) [계정명]	xxx	(대) 해당 수익 계정(영업외수익)	xxx

[사례] 보통예금 예입액에 대한 이자수익 10,000원이 발생하여 보통예금 통장에 입금되었다.
　　　(차) 보통예금　　　　　　　10,000　　　(대) 이자수익　　　　　　　10,000

[사례] 매장의 일부를 빌려주고 당월분 사용료 300,000원을 현금으로 받았다.
　　　(차) 현금　　　　　　　300,000　　　(대) 임대료　　　　　　　300,000

06 영업외비용

(1) 영업외비용의 정의

영업외비용이란 기업의 주된 영업활동이 아닌 부수적인 활동에서 발생하는 비용을 말한다.

(2) 영업외비용에 해당하는 계정과목

계정과목	내 용
이자비용	차입금에 대하여 지급하는 이자
기부금	업무와 관련없이 무상으로 기증하는 재산
매출채권처분손실	수취채권의 매각거래로 보는 어음의 할인 거래에서 발생하는 할인료
유형자산처분손실	유형자산을 처분할 때, 처분금액이 처분 전 장부금액보다 작을 경우 그 차액
재해손실	천재지변 또는 예측치 못한 사건으로 인하여 발생하는 손실
잡손실	영업외비용에는 해당하나 그 금액이 중요하지 않은 지출

(3) 영업외비용의 회계처리

(차) 해당 비용 계정(영업외비용)	xxx	(대) [계정명]	xxx

[사례] 폭우로 피해를 입은 수재민을 돕기 위해 현금 300,000원을 지역 신문사에 기탁하였다.

(차) 기부금	300,000	(대) 현금	300,000

07 자산을 취득할 때와 처분할 때 발생하는 운송료, 수수료, 제세금 등의 회계처리

(1) 자산을 취득할 때

자산을 취득하는 과정에서 발생하는 운송료, 수수료, 제세금 등의 부대비용은 원칙적으로 **자산의 취득원가**로 회계처리한다.

(2) 자산을 처분할 때

기업의 주된 영업활동인 상품매출(재고자산의 처분) 과정에서 발생하는 운송료, 수수료, 제세금 등의 부대비용은 운반비 계정, 수수료비용 계정, 세금과공과 계정 등 **별도의 비용 계정**(판매비와관리비)으로 회계처리한다.

반면, 기업의 주된 영업활동이 아닌 자산의 처분(재고자산이 아닌 자산의 처분) 과정에서 발생하는 부대비용은 자산의 처분금액에서 직접 차감함으로써 유형자산처분손익 등 **해당 자산의 처분손익 계정**(영업외수익 또는 영업외비용)으로 회계처리한다.

기출분개연습

01 6월 1일 신화상사에 상품 3,000,000원을 판매하여 발송하고 계약금 450,000원을 차감한 잔액은 외상으로 하였다. 당사 부담의 운반비 150,000원은 현금으로 지급하였다.

[전산회계 2급 제72회]

02 6월 2일 성동상사에 상품을 매출하면서 발생한 외상매출금 3,000,000원이 빨리 회수되어, 외상매출금의 2%를 할인해 주고, 대금은 보통예금 통장으로 이체받았다.

[전산회계 2급 제59회]

03 6월 3일 국제상사에서 상품 5,000,000원을 매입하였다. 대금은 지난달 계약금으로 지급한 500,000원을 차감하고 나머지 잔액을 1개월 후에 지급하기로 하였다. 또한, 상품 매입 시 운임 50,000원은 당사가 부담하기로 하여 현금으로 지급하였다.

[전산회계 2급 제86회]

04 6월 4일 성수기를 맞이하여 상품포장을 위해 일용직 근로자 5명을 일당 50,000원에 고용하여 250,000원을 현금으로 지급하였다.

[전산회계 2급 제56회]

05 6월 5일 당사 영업사원의 부친 회갑연 축하화환 100,000원, 거래처 직원의 조문화환 100,000원을 팔도꽃배달에서 주문하고 화환대금인 200,000원을 보통예금 통장에서 이체하였다.

[전산회계 2급 제58회]

06 6월 6일 매장 인터넷요금 33,000원과 전기요금 165,000원을 보통예금 계좌에서 인출하여 납부하였다. [전산회계 2급 제46회]

07 6월 7일 영업용 트럭에 대한 자동차세 400,000원과 사무실 건물에 대한 재산세 2,100,000원을 현금으로 납부하였다. [전산회계 1급 제45회]

정답 및 해설

01 6월 1일 (차) 선수금 450,000 (대) 상품매출 3,000,000
　　　　　　　 외상매출금 2,550,000 　　 현금 150,000
　　　　　　　 운반비[1] 150,000

　　[1] 기업의 주된 영업활동인 자산의 처분(상품 매출) 과정에서 발생하는 운송료 등 부대비용은 운반비 등 별도의 비용 계정으로 회계처리한다.

02 6월 2일 (차) 보통예금 2,940,000 (대) 외상매출금 3,000,000
　　　　　　　 매출할인 60,000

03 6월 3일 (차) 상품[1] 5,050,000 (대) 선급금 500,000
　　　　　　　　　　　　　　　　　　　 외상매입금 4,500,000
　　　　　　　　　　　　　　　　　　　 현금 50,000[1]

　　[1] 상품을 취득하는 과정에서 발생하는 운송료 등은 취득부대비용에 해당하므로 상품 계정으로 회계처리한다.

04 6월 4일 (차) 잡급 250,000 (대) 현금 250,000

05 6월 5일 (차) 복리후생비 100,000 (대) 보통예금 200,000
　　　　　　　 기업업무추진비 100,000

06 6월 6일 (차) 통신비 33,000 (대) 보통예금 198,000
　　　　　　　 수도광열비 165,000

07 6월 7일 (차) 세금과공과 2,500,000 (대) 현금 2,500,000

08 6월 8일   매출 증대를 위해 대왕마트에서 한 달 동안 완구용품을 판매하기로 하고 대형 마트용 진열대를 임차하면서 대왕마트에 보증금 300,000원과 1개월분 임차료 100,000원을 보통예금 계좌에서 이체하였다.   [전산회계 2급 제45회]

09 6월 9일   영업용 컴퓨터를 수리하고 대금 150,000원은 당사 보통예금 계좌에서 이체하였다.
(수익적 지출로 처리할 것)   [전산회계 2급 제63회]

10 6월 10일   삼거리주유소에서 업무용 차량에 주유를 하고 주유대금 50,000원은 현금으로 지급하였다.   [전산회계 1급 제26회]

11 6월 11일   영업부 직원의 전략적 성과관리 교육을 하나컨설팅에 위탁하고 교육비 800,000원을 보통예금 계좌에서 이체하여 지급하였다.   [전산회계 2급 제57회]

12 6월 12일   본사 영업사원에 대하여 새로이 명함을 인쇄하여 배부하였다. 대금 90,000원은 현금으로 지급하였다.   [전산회계 1급 제35회]

13 6월 13일   상품포장용 소모품 1,000,000원을 병점완구에서 외상으로 구입하였다. (비용으로 처리할 것)   [전산회계 2급 제45회]

14 6월 14일 한국신문에 상품광고를 게재하고 광고료 1,000,000원을 보통예금 계좌에서 이체하였다.

[전산회계 2급 제59회]

정답 및 해설

08 6월 8일	(차) 임차보증금	300,000	(대) 보통예금	400,000		
	임차료	100,000				
09 6월 9일	(차) 수선비	150,000	(대) 보통예금	150,000		
10 6월 10일	(차) 차량유지비	50,000	(대) 현금	50,000		
11 6월 11일	(차) 교육훈련비	800,000	(대) 보통예금	800,000		
12 6월 12일	(차) 도서인쇄비	90,000	(대) 현금	90,000		
13 6월 13일	(차) 소모품비	1,000,000	(대) 미지급금	1,000,000		
14 6월 14일	(차) 광고선전비	1,000,000	(대) 보통예금	1,000,000		

01 다음은 ○○㈜의 20x2년 손익계산서 일부와 이와 관련한 대화 내용이다. (가)에 들어갈 내용으로 옳은 것은? (단, 일반기업회계기준을 적용하고, 제시된 자료 외의 것은 고려하지 않는다)

[18' 대입수능]

손익계산서(요약)

제6기 20x2년 1월 1일부터 20x2년 12월 31일까지

제5기 20x1년 1월 1일부터 20x1년 12월 31일까지

○○㈜   (단위 : 원)

과 목	당 기	전 기
매출액	1,000,000	1,000,000
매출원가	400,000	400,000
매출총이익	600,000	600,000
영업이익	350,000	400,000
법인세비용차감전순이익	220,000	300,000

[대화 내용]

A : 영업이익과 법인세비용차감전순이익이 전기에 비해 당기에 감소하였는데, 그 원인은 무엇인가요?

B : 네, 그 원인은 전기에 비해 당기의 영업외수익은 동일하나, ┌ (가) ┐ 하였기 때문입니다.

① 판매비와관리비 ₩30,000과 영업외비용 ₩50,000이 증가

② 판매비와관리비 ₩30,000과 영업외비용 ₩80,000이 증가

③ 판매비와관리비 ₩50,000과 영업외비용 ₩30,000이 증가

④ 판매비와관리비 ₩50,000과 영업외비용 ₩80,000이 증가

⑤ 판매비와관리비 ₩50,000과 영업외비용 ₩130,000이 증가

02 다음 자료를 이용하여 계산한 총매입액은? [19' 주택관리사]

• 기초재고	₩400,000	• 매입환출	₩40,000
• 총매출액	₩2,000,000	• 기말재고	₩300,000
• 매출환입	₩200,000	• 매출총이익률	20%

① ₩1,300,000   ② ₩1,340,000   ③ ₩1,380,000

④ ₩1,700,000   ⑤ ₩1,740,000

정답 및 해설

01 ③

구 분	당 기	전 기	증감액
매출액	1,000,000	1,000,000	0
− 매출원가	400,000	400,000	0
= 매출총이익	600,000	600,000	0
− 판매비와관리비	250,000	200,000	50,000원 증가
= 영업이익	350,000	400,000	50,000원 감소
+ 영업외수익	0	0	0
− 영업외비용	130,000	100,000	30,000원 증가
= 법인세비용차감전순이익	220,000	300,000	80,000원 감소

02 ③ • 매출액 = 총매출액 − 매출환입 − 매출에누리 − 매출할인

$$= 2,000,000 - 200,000 - 0 - 0$$

$$= 1,800,000원$$

• 매출총이익률 $= \dfrac{\text{매출액} - \text{매출원가}}{\text{매출액}}$

$$\rightarrow 20\% = \dfrac{1,800,000 - ?}{1,800,000}$$

∴ 매출원가 = 1,440,000원

• 매출원가 = 기초재고 + (당기총매입액 − 매입환출 − 매입에누리 − 매입할인) − 기말재고

→ 1,440,000 = 400,000 + (? − 40,000 − 0 − 0) − 300,000

∴ 당기총매입액 = 1,380,000원

03 ㈜한국은 20x1년 1월 1일 영업을 개시하였다. 20x1년 12월 31일 회계자료가 다음과 같을 때, 20x1년도 매출총이익은?

[16' 국가직 공무원 7급]

• 매출총액	₩200,000	• 매입에누리	₩1,000	• 임차료	₩5,000
• 매입가액총액	₩100,000	• 매출운임	₩5,000	• 급여	₩15,000
• 매입운임	₩10,000	• 매출환입	₩5,000	• 매입할인	₩1,000
• 이자수익	₩10,000	• 기말상품재고	₩15,000	• 유형자산처분손실	₩2,000

① ₩102,000　　② ₩112,000　　③ ₩122,000　　④ ₩132,000

04 ㈜한국의 회계자료가 다음과 같을 때, 기말 재무상태표에 표시될 매출채권은?

[17' 지방직 공무원 9급]

• 당기현금매출액	₩500	• 기초매출채권	₩1,500
• 기초상품재고액	₩1,000	• 기말상품재고액	₩1,200
• 당기매출총이익	₩700	• 당기매출채권회수액	₩2,000
• 당기상품매입액	₩2,500		

① ₩1,500　　② ₩2,000　　③ ₩2,500　　④ ₩3,000

03 ① • 상품을 매출하는 과정에서 발생하는 운송료(매출운임)는 판매비와관리비인 운반비 계정으로 회계처리한다.
  • 상품을 취득하는 과정에서 발생하는 운송료(매입운임)는 취득부대비용에 해당하므로 상품 계정으로 회계처리한다.
  • 임차료(판관비) / 급여(판관비) / 이자수익(영업외수익) / 유형자산처분손실(영업외비용)
  • 상품매출액 = 당기상품순매출액
      = 총매출액 − 매출환입 − 매출에누리 − 매출할인
      = 200,000 − 5,000 − 0 − 0
      = 195,000원
  • 당기상품순매입액 = 매입가액 + 취득부대비용 − 매입환출 − 매입에누리 − 매입할인
      = 100,000 + 10,000 − 0 − 1,000 − 1,000
      = 108,000원
  • 상품매출원가 = 기초상품재고 + 당기상품순매입액 − 기말상품재고
      = 0 + 108,000 − 15,000
      = 93,000원
  • 매출총이익 = 상품매출액 − 상품매출원가
      = 195,000 − 93,000
      = 102,000원

04 ② • 상품 계정의 총계정원장

상품

기초잔액	1,000	매출원가	?
당기매입	2,500	기말잔액	1,200
	3,500		3,500

∴ 매출원가 = 1,000 + 2,500 − 1,200
      = 2,300원
  • 매출총이익 = 매출액 − 매출원가
  → 700 = ? − 2,300
  ∴ 매출액 = 3,000원
  • 매출액 = 현금매출액 + 외상매출액
  → 3,000 = 500 + ?
  ∴ 외상매출액 = 2,500원
  • 외상 매출 거래에 대한 회계처리
  (차) 외상매출금   2,500   (대) 상품매출   2,500
  • 외상매출금 회수에 대한 회계처리
  (차) 현금 등   2,000   (대) 외상매출금   2,000
  • 외상매출금 계정의 총계정원장

외상매출금

기초잔액	1,500	회수	2,000
외상매출	2,500	기말잔액	?
	4,000		4,000

∴ 기말잔액 = 1,500 + 2,500 − 2,000
      = 2,000원

05 다음은 ㈜한국의 20x1년 거래 자료이다. 20x1년 말 재무상태표상 매입채무 잔액은? (단, 매입 거래는 모두 외상거래이다) [16' 국가직 공무원 9급]

- 기초매입채무 ₩8,000
- 당기 중 매입채무 현금지급액 ₩35,000
- 기초상품재고 ₩12,000
- 기말상품재고 ₩11,000
- 당기매출액 ₩50,000
- 매출총이익 ₩10,000

① ₩12,000   ② ₩13,000   ③ ₩14,000   ④ ₩15,000

06 다음은 ○○㈜의 현금 지출 내역서와 이에 나타난 거래 내용을 분개하여 전기한 총계정원장 일 부이다. (가)에 들어갈 계정과목으로 옳은 것은? [19' 대입수능]

현금 지출 내역서		결재	계 (인)	과 장 (인)	부 장 (인)

날 짜	내 역	금 액	비 고
9/18	본사 총무부 직원 경조사비 지급	₩50,000	

(가)		
9/18 현금	50,000	

① 수선비   ② 통신비   ③ 기부금   ④ 복리후생비   ⑤ 세금과공과

07 다음은 ○○㈜의 경조사비 지출과 관련한 대화 내용이다. 이를 ○○㈜ 입장에서 분개할 때 차변 계정과목으로 옳은 것은? [18' 대입수능]

> 총무부장 : 거래처 사원의 결혼 축의금을 전달해 드렸나요?
> 경리 : 네, 오늘 현금 5만 원을 회사 이름으로 전달하였습니다.

① 기부금　　　　　　　　② 기업업무추진비　　　　　③ 통신비
④ 세금과공과　　　　　　⑤ 수도광열비

정답 및 해설

05 ① • 매출총이익 = 매출액 − 매출원가
　　　→ 10,000 = 50,000 − ?
　　　∴ 매출원가 = 40,000원
• 상품 계정의 총계정원장

상품

기초잔액	12,000	매출원가	40,000
당기매입	?	기말잔액	11,000
	51,000		51,000

　∴ 당기매입 = 40,000 + 11,000 − 12,000
　　　　　　 = 39,000원
　　　　　　 = 외상매입액 (∵ 모든 매입거래는 외상 매입거래이므로)
• 외상 매입거래에 대한 회계처리
　(차) 상품　　　　　　　　　39,000　　(대) 외상매입금　　　　　　39,000
• 외상매입금 현금지급에 대한 회계처리
　(차) 외상매입금　　　　　　35,000　　(대) 현금　　　　　　　　　35,000
• 외상매입금 계정의 총계정원장

외상매입금

현금지급	35,000	기초잔액	8,000
기말잔액	?	외상매입	39,000
	47,000		47,000

　∴ 기말잔액 = 8,000 + 39,000 − 35,000
　　　　　　 = 12,000원

06 ④ • 복리후생비란 근로환경 개선 및 근로의욕 향상을 위한 지출을 말한다.
• 당사 종업원의 경조사비는 복리후생비 계정으로 회계처리한다.
• 9/18 (차) 복리후생비　　　　50,000　　(대) 현금　　　　　　　　50,000

07 ② • 기업업무추진비란 영업을 목적으로 거래처와의 관계를 유지하기 위하여 소요되는 지출을 말한다.
• 거래처 관련 경조사비는 기업업무추진비 계정으로 회계처리한다.
• (차) 기업업무추진비　　　　50,000　　(대) 현금　　　　　　　　50,000

08 다음은 ○○㈜의 비용 지출과 관련한 대화이다. 이에 나타난 거래를 분개할 때 **차변 계정과목**으로 옳은 것은?

[16' 대입수능]

> 총무부장 : 김 대리! 거래처에 구매 관련 제안 서류를 우편으로 발송하였나요?
> 김 대리 : 네, 오전에 발송하였고, 우편요금 2만 원을 현금으로 지급하였습니다.

① 기부금   ② 통신비   ③ 기업업무추진비
④ 수선비   ⑤ 세금과공과

09 다음은 ○○㈜가 20x1년 9월 22일에 영업 비용을 납부하고 받은 지로영수증의 일부이다. 이를 ○○㈜가 분개할 때 **차변 계정과목**으로 옳은 것은?

[15' 대입수능]

도시가스 지로영수증 (고객용)							
지로번호	4	0	0	2	*	*	*
금 액	300,000원						
고객명	○○㈜		고객번호		120****		
사용량	300m³						
주 소	△△시 수능로 116						
납부마감일	20x1. 9. 30.						
□□도시가스						(수납인)	

① 운반비   ② 기업업무추진비   ③ 광고선전비
④ 복리후생비   ⑤ 수도광열비

10 다음은 ○○주식회사 업무일지의 일부이다. A와 B를 회계처리할 때 사용하는 계정과목을 바르게 짝지은 것은?

[07' 대입수능]

업무일지

작성자 : 홍길동

일 자	20x1년 10월 25일 수요일	비 고
업무 내용	1. 위문 행사 　가. 시간 : 10:00 ~ 13:00 (3시간) 　나. 장소 : △△양로원 　다. 내용 : 방한복 기증 　라. 비용 : 5백만 원　◀──────── A 2. 홍보 행사 　가. 시간 : 16:00 ~ 18:00 (2시간) 　나. 장소 : 전국 주요 도시 　다. 내용 　　－ 제품 판매 촉진 거리 홍보 　　－ 고급 이어폰 무료 증정 　라. 비용 : 1천만 원　◀──── B	

　　　　 A　　　　　　　　 B　　　　　　　　　　 A　　　　　　 B
① 　　기부금　　　 기업업무추진비 　② 　　기부금 　　　광고선전비
③ 기업업무추진비 　　 기부금 　　 ④ 기업업무추진비 　 광고선전비
⑤ 　광고선전비 　　　 기부금

정답 및 해설

08 ② • 통신비란 전화, 핸드폰, 인터넷, 우편 등의 요금을 말한다.

　　　• (차) 통신비　　　　　　　　　　　　　　20,000　　　　(대) 현금　　　　　　　　　　20,000

09 ⑤ 수도광열비란 수도, 전기, 가스, 난방 등의 요금을 말한다.

10 ② • 기업업무추진비란 영업을 목적으로 거래처와의 관계를 유지하기 위하여 소요되는 지출을 말하며, 이는 판매비와관리비에 해당한다.

　　　• 광고선전비란 상품의 판매촉진을 위하여 불특정 다수인을 대상으로 광고하고 선전하는 활동에 소요되는 지출을 말하며, 이는 판매비와관리비에 해당한다.

　　　• 기부금이란 업무와 관련없이 무상으로 기증하는 재산을 말하며, 이는 영업외비용에 해당한다.

11 다음은 비용의 분류에 관한 수행 평가 보고서 일부이다. (가)의 항목에 속하는 계정과목이 나타나는 거래로 옳은 것은?

[17' 대입수능]

> ### 수행 평가 보고서
>
> 주제 : 일반기업회계기준에서 비용의 분류
> ────────────────────────────
> 2. (가)
>
> 　　상품과 용역의 판매활동 또는 기업의 관리와 유지에서 발생하는 비용으로 매출원가에 속하지 아니하는 모든 영업비용을 포함하며, 당해 비용을 표시하는 적절한 항목으로 구분한다.

① 화재로 인하여 상품 ₩10,000이 소실되다.

② 소득세예수금 ₩10,000을 현금으로 납부하다.

③ 당월분 전화요금 ₩10,000을 현금으로 납부하다.

④ 결산 시 현금 부족액 ₩10,000의 원인을 알 수 없다.

⑤ 단기차입금에 대한 이자 ₩10,000을 현금으로 지급하다.

12 성북회사의 20x1년도 기말 회계자료는 다음과 같다.

• 매출액	₩200,000	• 매출원가	₩92,000
• 급여	₩20,000	• 기업업무추진비	₩3,000
• 이자비용	₩1,000	• 유형자산처분이익	₩2,500
• 잡이익	₩4,000	• 감가상각비	₩2,000

성북회사가 20x1년 손익계산서에 보고하여야 할 영업이익은? (단, 일반기업회계기준을 적용한다)

[07' 국가직 공무원 9급 수정]

① ₩83,000　　　② ₩82,000　　　③ ₩79,500　　　④ ₩74,500

13

다음은 ○○㈜의 분개장 일부이다. 이에 기입된 거래와 동일한 거래 요소의 결합 관계가 나타나는 거래로 옳은 것은?

[20' 대입수능 수정]

분개장

날 짜		적 요	원 면	차 변	대 변
6	17	(현금)	생 략	500,000	
		(받을어음)			500,000
		어음 대금 회수			

① 외상매입금 ₩100,000을 현금으로 지급하다.
② 건물을 임대하고 당월분 월세 ₩120,000을 현금으로 받다.
③ 상품 ₩50,000을 매입하고 약속어음을 발행하여 지급하다.
④ 등기를 발송하고 우편요금 ₩10,000을 현금으로 지급하다.
⑤ 거래처에 현금 ₩300,000을 6개월간 대여하고 차용증서를 받다.

정답 및 해설

11 ③
- 판매비와관리비란 상품의 판매활동과 기업의 관리활동에서 발생하는 비용으로서 매출원가에 속하지 않는 모든 영업비용을 말한다.
- ① (차) 재해손실(영업외비용)   10,000   (대) 상품(재고자산)   10,000
- ② (차) 예수금(유동부채)   10,000   (대) 현금(당좌자산)   10,000
- ③ (차) 통신비(판매비와관리비)   10,000   (대) 현금(당좌자산)   10,000
- ④ (차) 잡손실(영업외비용)   10,000   (대) 현금과부족(당좌자산)   10,000
- ⑤ (차) 이자비용(영업외비용)   10,000   (대) 현금(당좌자산)   10,000

12 ①
- 잡이익과 유형자산처분이익은 영업외수익에 해당하므로 영업이익에 영향을 미치지 않는다.
- 이자비용은 영업외비용에 해당하므로 영업이익에 영향을 미치지 않는다.
- 영업이익 = 매출총이익 − 판매비와관리비
        = (매출액 − 매출원가) − (급여 + 기업업무추진비 + 감가상각비)
        = (200,000 − 92,000) − (20,000 + 3,000 + 2,000)
        = 83,000원

13 ⑤
- 제시자료 : (차) 현금(자산의 증가)   500,000   (대) 받을어음(자산의 감소)   500,000
- ① (차) 외상매입금(부채의 감소)   100,000   (대) 현금(자산의 감소)   100,000
- ② (차) 현금(자산의 증가)   120,000   (대) 임대료(수익의 발생)   120,000
- ③ (차) 상품(자산의 증가)   50,000   (대) 지급어음(부채의 증가)   50,000
- ④ (차) 통신비(비용의 발생)   10,000   (대) 현금(자산의 감소)   10,000
- ⑤ (차) 단기대여금(자산의 증가)   300,000   (대) 현금(자산의 감소)   300,000

제 7 절 | 기말수정분개

01 개요

기중의 회계처리만으로는 자산·부채·자본·수익·비용을 정확하게 나타낼 수 없기 때문에, 기말 결산 때 각 계정의 실제 잔액을 파악하여 총계정원장의 잔액이 실제 잔액과 일치하도록 조정해 주는 분개를 하는데, 이를 기말수정분개(또는 결산정리분개)라고 한다.

기말수정분개에 해당하는 대표적인 항목은 다음과 같다.

- 수익·비용의 발생과 이연
- 소모품의 정리
- 가지급금·가수금의 정리
- 현금과부족의 정리
- 비유동부채의 유동성 대체
- 유형자산의 감가상각비 계상
- 매출원가의 계상

(1) 수익의 발생 (미수수익)

당기에 속하는 수익이지만 결산일까지 회수되지 않은 금액을 당기의 수익으로 인식한다.

(차) 미수수익 (자산)	xxx	(대) 해당 수익 계정	xxx

[사례] 당기 결산 시 : 20x1년 12월 31일 기말 결산일 현재 은행예금에 대한 당기분 이자 미수액 40,000 원을 수익으로 계상하다. (이자수령일은 다음 연도 1월 2일이다)

20x1. 12. 31.(차) 미수수익	40,000	(대) 이자수익	40,000

실제 입금 시 : 20x2년 1월 2일 은행예금에 대한 전년도분 이자 40,000원이 보통예금 계좌로 입금되었다.

20x2. 1. 2.　(차) 보통예금	40,000	(대) 미수수익	40,000

(2) 비용의 발생 (미지급비용)

당기에 속하는 비용이지만 결산일까지 지급되지 않은 금액을 당기의 비용으로 인식한다.

(차) 해당 비용 계정	xxx	(대) 미지급비용 (부채)	xxx

[사례] 당기 결산 시 : 20x1년 12월 31일 기말 결산일 현재 은행차입금에 대한 당기분 이자 미지급액 100,000원을 비용으로 계상하다. (이자지급일은 다음 연도 1월 2일이다)

20x1. 12. 31.(차) 이자비용	100,000	(대) 미지급비용	100,000

실제 지급 시 : 20x2년 1월 2일 은행차입금에 대한 전년도분 이자 100,000원을 보통예금 계좌에서 이체하여 지급하였다.

20x2. 1. 2.　(차) 미지급비용	100,000	(대) 보통예금	100,000

참고 **미지급금 vs 미지급비용**

실무에서 미지급금과 미지급비용은 구분이 모호한 경우가 많다. 또한, 분개를 작성해야 하는 시험에서도 두 계정과목이 모두 정답으로 인정되는 경우가 많다.

수험목적으로는 기말수정분개 및 관련 분개일 때에는 미지급비용 계정과목으로, 그 외에는 미지급금 계정과목으로 회계처리하면 된다.

(3) 수익의 이연 (선수수익)

당기에 이미 받은 금액 중에서 차기에 속하는 부분을 계산하여 당기의 수익에서 차감한다. (즉, 차기의 수익으로 이연시킨다)

기중에 수령액을 전액 수익으로 처리한 경우 기말수정분개			
(차) 해당 수익 계정	xxx	(대) 선수수익 (부채)	xxx

[사례] 기중 입금 시 : 20x1년 6월 1일 1년분(20x1. 6. 1. ~ 20x2. 5. 31.) 임대료 120,000원을 현금으로 미리 받고 전액 수익으로 계상하였다.

20x1. 6. 1. (차) 현금	120,000	(대) 임대료	120,000

기말 결산 시 : 기중 회계처리에서 계상되어 있는 임대료 계정 120,000원 중 50,000원은 다음 연도 해당분 임대료임을 확인하였다. (단, 월할 계산한다)

20x1. 12. 31. (차) 임대료	50,000	(대) 선수수익	50,000[1]

[1] • 120,000원 × (5개월/12개월) = 50,000원
  • 임대료 수령액 중 최종 재무제표에 당기 수익(임대료 계정)으로 표시되는 금액 = 70,000원

기중에 수령액을 전액 부채로 처리한 경우 기말수정분개			
(차) 선수수익 (부채)	xxx	(대) 해당 수익 계정	xxx

[사례] 기중 입금 시 : 20x1년 6월 1일 1년분(20x1. 6. 1. ~ 20x2. 5. 31.) 임대료 120,000원을 현금으로 미리 받고 전액 부채로 계상하였다.

20x1. 6. 1. (차) 현금	120,000	(대) 선수수익	120,000

기말 결산 시 : 기중 회계처리에서 계상되어 있는 선수수익 계정 120,000원 중 50,000원이 다음 연도 해당분 임대료임을 확인하였다. (단, 월할 계산한다)

20x1. 12. 31. (차) 선수수익	70,000	(대) 임대료	70,000[1]

[1] 임대료 수령액 중 최종 재무제표에 당기 수익(임대료 계정)으로 표시되는 금액 = 70,000원

(4) 비용의 이연 (선급비용)

당기에 이미 지급한 금액 중에서 차기에 속하는 부분을 계산하여 당기의 비용에서 차감한다. (즉, 차기의 비용으로 이연시킨다)

기중에 지급액을 전액 비용으로 처리한 경우 기말수정분개			
(차) 선급비용 (자산)	xxx	(대) 해당 비용 계정	xxx

[사례] 기중 지급 시 : 20x1년 10월 1일 1년분(20x1. 10. 1. ~ 20x2. 9. 30.) 보험료 240,000원을 현금으로 미리 지급하고 전액 비용으로 계상하였다.

    20x1. 10. 1. (차) 보험료   240,000   (대) 현금   240,000

기말 결산 시 : 기중 회계처리에서 계상되어 있는 보험료 계정 240,000원 중 180,000원은 다음 연도 해당분 보험료임을 확인하였다. (단, 월할 계산한다)

    20x1. 12. 31. (차) 선급비용   180,000[1]   (대) 보험료   180,000

[1] • 240,000원 × (9개월/12개월) = 180,000원
- 보험료 지급액 중 최종 재무제표에 당기 비용(보험료 계정)으로 표시되는 금액 = 60,000원

기중에 지급액을 전액 자산으로 처리한 경우 기말수정분개			
(차) 해당 비용 계정	xxx	(대) 선급비용 (자산)	xxx

[사례] 기중 지급 시 : 20x1년 10월 1일 1년분(20x1. 10. 1. ~ 20x2. 9. 30.) 보험료 240,000원을 현금으로 미리 지급하고 전액 자산으로 계상하였다.

    20x1. 10. 1. (차) 선급비용   240,000   (대) 현금   240,000

기말 결산 시 : 기중 회계처리에서 계상되어 있는 선급비용 계정 240,000원 중 180,000원이 다음 연도 해당분 보험료임을 확인하였다. (단, 월할 계산한다)

    20x1. 12. 31. (차) 보험료   60,000[1]   (대) 선급비용   60,000

[1] 보험료 지급액 중 최종 재무제표에 당기 비용(보험료 계정)으로 표시되는 금액 = 60,000원

기중에 소모성 사무용품 등을 구입할 때, 지출액을 전액 비용(소모품비 계정)으로 처리하는 경우도 있고 전액 자산(소모품 계정)으로 처리하는 경우도 있다.

기말 결산일에는 구입한 소모품을 사용액과 미사용액으로 구분하여, 최종 재무제표에 사용액은 당기 비용으로, 미사용액은 자산으로 표시되도록 하는 기말수정분개를 한다.

기중에 지출액을 전액 비용으로 처리한 경우 기말수정분개			
(차) 소모품 (자산)	xxx	(대) 소모품비 (비용)	xxx

[사례] 기중 구입 시 : 20x1년 9월 1일 소모성 사무용품 100,000원을 현금으로 구입하고 전액 비용으로 계상하였다.

20x1. 9. 1.	(차) 소모품비	100,000	(대) 현금	100,000

기말 결산 시 : 기중 회계처리에서 계상한 소모품비 계정 100,000원 중에서 12월 31일 기말 현재 미사용액은 40,000원이고 당기 사용액은 60,000원인 것으로 확인하였다.

20x1. 12. 31.	(차) 소모품	40,000[1]	(대) 소모품비	40,000

[1] • 전액 비용으로 처리되었던 소모품 구입액 중 당기 미사용 잔액 40,000원을 자산으로 대체한다.
  • 소모품 구입액 중 최종 재무제표에 당기 비용(소모품비 계정)으로 표시되는 금액 = 60,000원

기중에 지출액을 전액 자산으로 처리한 경우 기말수정분개			
(차) 소모품비 (비용)	xxx	(대) 소모품 (자산)	xxx

[사례] 기중 구입 시 : 20x1년 9월 1일 소모성 사무용품 100,000원을 현금으로 구입하고 전액 자산으로 계상하였다.

20x1. 9. 1.	(차) 소모품	100,000	(대) 현금	100,000

기말 결산 시 : 기중 회계처리에서 계상한 소모품비 계정 100,000원 중에서 12월 31일 기말 현재 미사용액은 40,000원이고 당기 사용액은 60,000원인 것으로 확인하였다.

20x1. 12. 31.	(차) 소모품비	60,000[1]	(대) 소모품	60,000

[1] • 전액 자산으로 처리되었던 소모품 구입액 중 당기 사용액 60,000원을 비용으로 대체한다.
  • 소모품 구입액 중 최종 재무제표에 당기 비용(소모품비 계정)으로 표시되는 금액 = 60,000원

(1) 가지급금·가수금의 정리

가지급금 또는 가수금은 금전을 지급 또는 수취 하였으나 그 내용이 확정되지 않았을 경우 그 내용이 확정될 때까지 임시적으로 사용하는 계정과목이다. 이들은 미결산항목에 해당하므로 기말 결산 때까지는 반드시 적절한 계정과목으로 대체하여 최종 재무제표에는 나타나지 않도록 하여야 한다.

① 가지급금

(차) [계정명]	xxx	(대) 가지급금	xxx

[사례] 가지급 시 : 20x1년 10월 15일 영업사원에게 출장을 명하고 출장비 예상액 50,000원을 현금으로 지급하였다.

20x1. 10. 15. (차) 가지급금	50,000	(대) 현금	50,000

기말 결산 시 : 12월 31일 출장 후 복귀한 영업사원으로부터 어림잡아 지급했던 금액 50,000원 중 40,000원은 교통비 및 숙박비 지출증빙을 제출받아 확인하고 남은 금액 10,000원은 반환받았다.

20x1. 12. 31. (차) 여비교통비	40,000	(대) 가지급금	50,000
현금	10,000		

② 가수금

(차) 가수금	xxx	(대) [계정명]	xxx

[사례] 가수취 시 : 20x1년 10월 15일 내용을 알 수 없는 보통예금 10,000원을 계좌이체 받았다.

20x1. 10. 15. (차) 보통예금	10,000	(대) 가수금	10,000

기말 결산 시 : 12월 31일 원인 불명으로 계좌이체 받았던 보통예금 10,000원이 외상매출금의 회수였던 것으로 밝혀졌다.

20x1. 12. 31. (차) 가수금	10,000	(대) 외상매출금	10,000

(2) 현금과부족의 정리

현금과부족은 장부상 현금 잔액과 금고에 있는 실제 현금 잔액이 일치하지 않을 경우 그 원인이 밝혀질 때까지 임시적으로 사용하는 계정과목이다. 기말 결산 때까지 현금과부족의 원인이 밝혀지지 않을 경우에는 현금과부족 계정을 잡이익 계정(수익)이나 잡손실 계정(비용)으로 대체한다.

현금과잉의 원인이 기말 결산 때까지 밝혀지지 않을 경우			
(차) 현금과부족	xxx	(대) 잡이익	xxx

[사례] 현금과잉 발생 : 20x1년 11월 1일 현재 장부상 현금 잔액은 50,000원이나 금고에 있는 실제 현금 잔액은 60,000원이다.

20x1. 11. 1. (차) 현금	10,000	(대) 현금과부족	10,000

기말 결산 시 : 12월 31일 기말 결산 시까지 현금과잉액 10,000원의 원인이 밝혀지지 않았다.

20x1. 12. 31.(차) 현금과부족	10,000	(대) 잡이익	10,000

현금부족의 원인이 기말 결산 때까지 밝혀지지 않을 경우			
(차) 잡손실	xxx	(대) 현금과부족	xxx

[사례] 현금부족 발생 : 20x1년 11월 1일 현재 장부상 현금 잔액은 50,000원이나 금고에 있는 실제 현금 잔액은 43,000원이다.

20x1. 11. 1. (차) 현금과부족	7,000	(대) 현금	7,000

기말 결산 시 : 12월 31일 기말 결산 시까지 현금부족액 7,000원의 원인이 밝혀지지 않았다.

20x1. 12. 31. (차) 잡손실	7,000	(대) 현금과부족	7,000

(3) 비유동부채의 유동성 대체

장기차입금 등 비유동부채 중에서 당기 결산일을 기준으로 1년 이내에 만기가 도래하는 부채가 있는 경우, 결산 시 이를 비유동부채에서 유동부채(유동성장기부채 계정)로 대체한다.

(차) 장기차입금	xxx	(대) 유동성장기부채	xxx

[사례] 20x2년 12월 31일 결산일 현재 장기차입금 300,000원(차입기간 : 20x1. 4. 1. ~ 20x3. 3. 31.)의 상환기일이 내년으로 도래하였음을 확인하였다.

20x2. 12. 31. (차) 장기차입금	300,000	(대) 유동성장기부채	300,000

(4) 유형자산의 감가상각비 계상

기말 현재 보유하고 있는 유형자산에 대하여 각 계정별로 당기 감가상각비를 계산하여 비용으로 인식한다.

(차) 감가상각비	xxx	(대) 감가상각누계액	xxx

[사례] 20x2년 12월 31일 기말 결산 시 유형자산인 기계장치에 대하여 당기 감가상각비를 인식하려고 한다. 동 기계장치는 전기인 20x1년 1월 1일에 1,000,000원에 취득한 것으로서, 총내용연수는 4년, 잔존가치는 100,000원, 감가상각방법은 정액법이다.

20x2. 12. 31. (차) 감가상각비	225,000[1]	(대) 감가상각누계액	225,000

[1] (취득원가 - 잔존가치) $\times \dfrac{1}{총내용연수}$ = (1,000,000 - 100,000) $\times \dfrac{1}{4}$ = 225,000원

(5) 매출원가의 계상

기말 결산 시 실지재고조사를 통하여 기말상품재고액을 파악한 후 이를 장부상 판매가능상품 금액에서 차감하여 상품매출원가를 계산하고 비용으로 인식한다.

(차) 상품매출원가	xxx	(대) 상품	xxx

[사례] 12월 31일 기말 결산 시 상품매출원가를 계산하고 상품 계정을 상품매출원가 계정으로 대체하는 분개를 하여 보자.

- 기초 재무상태표상 상품 계정 금액 : 2,000원
- 당기 상품 순매입액 : 60,000원
- 기말 결산 시 실지재고조사를 통하여 파악한 상품 재고액 : 5,000원

12월 31일 (차) 상품매출원가	57,000[1]	(대) 상품	57,000

[1] 기초재고 + 당기매입 - 기말재고 = 2,000 + 60,000 - 5,000 = 57,000원

기출분개연습

01 12월 31일 결산일 현재 ㈜하나은행에 예금된 정기예금에 대하여 당기분 경과이자를 인식하는 기말수정분개를 하시오. (예금 금액 100,000,000원, 만기 1년, 가입 연월일 올해 4월 1일, 연 이자율 10%, 월할 계산으로 할 것) [전산회계 1급 제44회]

02 12월 31일 결산일 현재 국민은행으로부터 차입한 다음의 단기차입금에 대하여 경과 이자분을 월할 계산하여 기말수정분개 하시오. [전산회계 2급 특별회차(15'년 8월)]

- 원금 : 9,000,000원
- 차입일 : 당해 연도 11월 1일
- 만기일 및 이자지급일 : 다음 연도 4월 30일
- 이자율 : 연 8%
- 차입기간 : 6개월

---

03 12월 31일 9월 1일에 사무실 건물 중 일부를 12개월간 임대(임대기간 : 올해. 9. 1. ～ 내년. 8. 31.)하고, 12개월분 임대료 12,000,000원 전액을 수령하여 수익인 임대료 계정으로 회계처리하였다. 임대료에 대한 기말수정분개를 하시오. (월할 계산할 것) [전산세무 2급 제56회]

04 **12월 31일** 11월 1일에 사무실 건물 중 일부를 6개월간 임대(임대기간 : 올해. 11. 1. ~ 내년. 4. 30.)하고, 6개월분 임대료 9,000,000원 전액을 수령하여 부채인 선수수익 계정으로 회계처리하였다. 임대료에 대한 기말수정분개를 하시오. (월할 계산할 것)

[전산회계 1급 특별회차(20'년 11월)]

정답 및 해설

01 12월 31일 (차) 미수수익   7,500,000   (대) 이자수익   7,500,000[1]

   [1] 100,000,000원 × 연 10% × (9개월/12개월) = 7,500,000원

02 12월 31일 (차) 이자비용   120,000   (대) 미지급비용   120,000[1]

   [1] • (방법 1) {9,000,000원 × 연 8% × (6개월/12개월)} × (2개월/6개월)

       = 120,000원

     • (방법 2) 9,000,000원 × 연 8% × (2개월/12개월)

       = 120,000원

03 12월 31일 (차) 임대료   8,000,000[1]   (대) 선수수익   8,000,000

   [1] • 12,000,000원 × (8개월/12개월) = 8,000,000원

     • 임대료 수령액 중 최종 재무제표에 당기 수익('임대료' 계정)으로 표시되는 금액 = 4,000,000원

04 12월 31일 (차) 선수수익   3,000,000   (대) 임대료   3,000,000[1]

   [1] • 9,000,000원 × (2개월/6개월) = 3,000,000원

     • 임대료 수령액 중 최종 재무제표에 당기 수익('임대료' 계정)으로 표시되는 금액 = 3,000,000원

  참고 if 기중 임대료 수령 시 9,000,000원 전액을 부채('선수수익' 계정)가 아니라 수익('임대료' 계정)으로 처리한 경우라면, 기말수정
  분개는 다음과 같다.

  12월 31일 (차) 임대료   6,000,000[2]   (대) 선수수익   6,000,000

     [2] • 9,000,000원 × (4개월/6개월) = 6,000,000원

       • 임대료 수령액 중 최종 재무제표에 당기 수익('임대료' 계정)으로 표시되는 금액 = 3,000,000원

05 12월 31일 당기에 현금으로 지급하고 전액 비용으로 처리했던 임차료 중 120,000원은 기간 미경과액에 해당한다. 기말수정분개를 하시오.

[전산회계 2급 제61회]

06 12월 31일 올해 10월 1일 영업부문의 1년분 자동차보험료 720,000원(보험기간 : 올해. 10. 1. ~ 내년. 9. 30.)을 현금으로 납부하면서 모두 자산으로 처리하였다. 기말수정분개를 하시오. (월할 계산할 것)

[전산회계 1급 제55회]

07 12월 31일 기말 결산 시 창고를 조사한 결과, 영업부에서 구입한 소모품 중 130,000원이 남아 있음을 확인하였다. 기말수정분개를 하시오. (단, 소모품을 구입하는 시점에서 모두 비용으로 계상하였다)

[전산회계 2급 제53회]

08 12월 31일 올해 7월 1일 소모품으로 1,000,000원을 구입(소모품 계정으로 회계처리)하였으며, 결산 시 소모품 잔액을 확인한 결과 100,000원이 남아 있다. 기말수정분개를 하시오.

[전산회계 1급 제40회]

정답 및 해설

05 12월 31일 (차) 선급비용   120,000   (대) 임차료   120,000

06 12월 31일 (차) 보험료   180,000[1]   (대) 선급비용   180,000

　　　　　　 [1] • 720,000원 × (3개월/12개월) = 180,000원

　　　　　　　 • 보험료 지급액 중 최종 재무제표에 당기 비용('보험료' 계정)으로 표시되는 금액 = 180,000원

　　참고 if 기중 보험료 지급 시 720,000원 전액을 자산('선급비용' 계정)이 아니라 비용('보험료' 계정)으로 처리한 경우라면, 기말수정분개는 다음과 같다.

　　　　12월 31일 (차) 선급비용   540,000   (대) 보험료   540,000[2]

　　　　　　 [2] • 720,000원 × (9개월/12개월) = 540,000원

　　　　　　　 • 보험료 지급액 중 최종 재무제표에 당기 비용('보험료' 계정)으로 표시되는 금액 = 180,000원

07 12월 31일 (차) 소모품   130,000   (대) 소모품비   130,000

08 12월 31일 (차) 소모품비   900,000[1]   (대) 소모품   900,000

　　　　　　 [1] • 전액 자산으로 처리되었던 소모품 구입액 중 당기 사용액 900,000원을 비용으로 대체한다.

　　　　　　　 • 소모품 구입액 중 최종 재무제표에 당기 비용('소모품비' 계정)으로 표시되는 금액 = 900,000원

　　참고 if 기중 소모품 구입 시 1,000,000원 전액을 자산('소모품' 계정)이 아니라 비용('소모품비' 계정)으로 처리한 경우라면, 기말수정분개는 다음과 같다.

　　　　12월 31일 (차) 소모품   100,000   (대) 소모품비   100,000[2]

　　　　　　 [2] • 전액 비용으로 처리되었던 소모품 구입액 중 당기 미사용 잔액 100,000원을 자산으로 대체한다.

　　　　　　　 • 소모품 구입액 중 최종 재무제표에 당기 비용('소모품비' 계정)으로 표시되는 금액 = 900,000원

01 다음 회계연도로 잔액이 이월되지 않는 계정과목은? [18' 주택관리사]

① 이익잉여금 ② 유형자산처분이익 ③ 미지급비용
④ 감가상각누계액 ⑤ 자본금

02 다음 중 그 잔액이 시산표의 대변에 나타나지 않는 항목은? [12' 국가직 공무원 9급]

① 대여금 ② 미지급비용 ③ 자본금 ④ 선수수익

03 ㈜서울의 재무상태표상 각 계정별 20x1년 말 잔액은 다음과 같다. 그리고 20x1년 말 부채총계는 20x1년 초 부채총계보다 ₩300,000만큼 더 크고, 20x1년 말 자본총계는 20x1년 초 자본총계보다 ₩150,000만큼 더 작다. 이를 토대로 ㈜서울의 20x1년 초 자산총계를 구하면 얼마인가?
[17' 서울시 공무원 9급]

• 상품	₩700,000	• 선수수익	₩250,000
• 차입금	₩1,100,000	• 미수금	₩200,000
• 현금	₩900,000	• 매출채권	₩500,000
• 선수금	₩450,000	• 대여금	₩600,000

① ₩2,750,000 ② ₩2,900,000 ③ ₩3,150,000 ④ ₩3,325,000

정답 및 해설

01 ② ・손익계산서 구성요소인 수익과 비용은 당기(이번 회계기간) 동안의 경영성과를 나타내는 것이므로, 당기 손익계산서의 구성요소는 차기로 이월되지 않는다.
・재무상태표 구성요소인 자산, 부채, 자본은 경영활동의 결과로 일정 시점까지 누적된 재무상태를 나타내는 것이므로, 당기 기말 재무상태의 구성요소는 차기 기초로 이월된다.
・이익잉여금(자본) / 유형자산처분이익(수익) / 미지급비용(부채) / 감가상각누계액(자산의 차감) / 자본금(자본)

02 ① ・총계정원장과 시산표를 작성할 때 각 계정의 잔액이 남는 위치
　　・자산 계정, 비용 계정 : 차변
　　・부채 계정, 자본 계정, 수익 계정 : 대변
・대여금(자산) / 미지급비용(부채) / 자본금(자본) / 선수수익(부채)

03 ① ・20x1년 말 자산총계 = 상품 + 현금 + 미수금 + 매출채권 + 대여금
　　　　　　　　　　 = 700,000 + 900,000 + 200,000 + 500,000 + 600,000
　　　　　　　　　　 = 2,900,000원
・20x1년 말 부채총계 = 차입금 + 선수금 + 선수수익
　　　　　　　　　　 = 1,100,000 + 450,000 + 250,000
　　　　　　　　　　 = 1,800,000원
・20x1년 말 재무상태표

자산총계	2,900,000	부채총계	1,800,000
		자본총계	1,100,000

・20x1년 말 부채총계 = 20x1년 초 부채총계 + 300,000
→ 1,800,000 = ? + 300,000
∴ 20x1년 초 부채총계 = 1,500,000원
・20x1년 말 자본총계 = 20x1년 초 자본총계 − 150,000
→ 1,100,000 = ? − 150,000
∴ 20x1년 초 자본총계 = 1,250,000원
・20x1년 초 재무상태표

자산총계	2,750,000	부채총계	1,500,000
		자본총계	1,250,000

04 다음 거래를 회계처리할 때 (가)에 기입할 계정과목과 금액으로 옳은 것은? [06' 대입수능]

> 7월 1일 건물의 임대료 10개월분 ₩1,000,000(1개월 ₩100,000)을 현금으로 받다.
> 12월 31일 결산일에 임대료 선수분은 차기로 이월하고, 당기분은 손익계정에 대체하다.

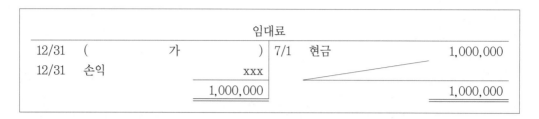

임대료			
12/31 (가)		7/1 현금	1,000,000
12/31 손익	xxx		
	1,000,000		1,000,000

① 현금 400,000

② 현금 600,000

③ 미수수익 600,000

④ 선수수익 400,000

⑤ 선수수익 600,000

05 다음은 ○○㈜가 제3기에 구입한 사무용품의 회계처리 과정을 나타낸 것이다. (가)의 결산 정리 분개로 옳은 것은? (단, 제시된 자료 외의 것은 고려하지 않는다) [19' 대입수능]

구입 시 분개	(차변) 소모품비 200,000 　　(대변) 현금 200,000

⇩

결산일 분개	결산 정리 : (가) 손익 대체 : (차변) 손익 xxx (대변) 소모품비 xxx

⇩

결산 시 손익계정 일부	손익
	⋮ 　　　　　　　　　⋮ 12/31 소모품비　140,000

① (차) 소모품 60,000 (대) 현금 60,000

② (차) 소모품 60,000 (대) 소모품비 60,000

③ (차) 소모품 140,000 (대) 소모품비 140,000

④ (차) 소모품비 60,000 (대) 소모품 60,000

⑤ (차) 소모품비 140,000 (대) 소모품 140,000

06 ㈜한국의 수정전시산표상 소모품은 ₩160,000이고, 기말 현재 남아 있는 소모품이 ₩70,000
이다. 기말수정분개로 옳은 것은?

① (차) 소모품비　90,000　　(대) 소모품　　90,000
② (차) 소모품비　70,000　　(대) 소모품　　70,000
③ (차) 소모품　　90,000　　(대) 소모품비　90,000
④ (차) 소모품　　70,000　　(대) 소모품비　70,000

정답 및 해설

04 ④　· 임대기간 : 올해 7월 1일 ~ 내년 4월 30일 (총 10개월)
　　　· 기중 입금 시 (전액 수익으로 처리)
　　　　7월 1일 (차) 현금　　　　　　1,000,000　　(대) 임대료　　　　　　1,000,000
　　　· 기말 결산 시
　　　　12월 31일 (차) 임대료　　　400,000[2)]　　(대) 선수수익　　　　　400,000[1)]
　　　　　　[1)] 1,000,000원 × (4개월/10개월) = 400,000원
　　　　　　[2)] 임대료 수령액 중 최종 재무제표에 당기 수익(임대료 계정)으로 표시되는 금액 = 600,000원

05 ②　· 기중 구입 시 (전액 비용으로 처리)
　　　　(차) 소모품비　　　　　　　200,000　　(대) 현금　　　　　　　　200,000
　　　· 기말 결산 시
　　　　(차) 소모품　　　　　　　　　？　　　(대) 소모품비　　　　　　　？
　　　· 손익계산서상 소모품비 = 기중 구입 시 비용으로 처리된 금액 − 자산으로 대체되는 금액
　　　　→ 140,000 = 200,000 − ？
　　　　∴ 자산(소모품 계정)으로 대체되는 금액 = 60,000원

06 ①　· 기중 구입 시 (전액 자산으로 처리)
　　　　(차) 소모품　　　　　　　　160,000　　(대) 현금　　　　　　　　160,000
　　　· 기말 결산 시
　　　　(차) 소모품비　　　　　　　90,000[1)]　　(대) 소모품　　　　　　　90,000
　　　　[1)] · 당기 사용액 = 소모품 구입액 − 미사용액
　　　　　　　　　　　　　　= 160,000 − 70,000
　　　　　　　　　　　　　　= 90,000원
　　　　　　· 소모품 구입액 중 최종 재무제표에 당기 비용(소모품비 계정)으로 표시되는 금액
　　　　　　　= 90,000원

07 ㈜한국의 결산 결과 당기순이익이 ₩545,000으로 산출되었다. 그러나 외부감사 과정에서 다음의 기말수정사항이 누락되었음이 확인되었다. 누락된 수정사항을 반영하고 나면 당기순이익은?

[08' 국가직 공무원 7급]

| • 미지급이자 | ₩12,000 | • 선수임대료 | ₩22,000 |
| • 미수이자 | ₩15,000 | • 선급보험료 | ₩8,000 |

① ₩534,000   ② ₩542,000   ③ ₩545,000   ④ ₩556,000

08 ㈜한국은 20x1년 3월 1일에 건물 임대 시 1년분 임대료 ₩360,000을 현금으로 수취하고 임대수익으로 처리하였으나 기말에 수정분개를 누락하였다. 그 결과 20x1년도 재무제표에 미치는 영향으로 옳은 것은? (단, 월할 계산한다)

[17' 지방직 공무원 9급]

① 자산총계 ₩60,000 과대계상   ② 자본총계 ₩60,000 과소계상
③ 부채총계 ₩60,000 과소계상   ④ 비용총계 ₩60,000 과대계상

09 ㈜한국은 보험료를 1년 단위로 납부한다. 보험료 납부 시에 일괄적으로 보험료 계정으로 비용처리한 후, 기말 결산 시에 미경과분에 대하여 선급비용 계정으로 수정분개 처리를 하지 않았다면 당기에 재무제표에 미치는 영향은?

[12' 지방직 공무원 9급]

① 자산, 순이익, 자본의 과대계상
② 자산, 순이익, 자본의 과소계상
③ 부채의 과대계상, 순이익과 자본의 과소계상
④ 당기에 아무런 영향이 없음

10 ㈜한국은 20x1년 9월 1일에 1년분 보험료로 ₩1,200을 지급하고 선급비용으로 회계처리하였다. ㈜한국이 20x1년 말 동 보험료와 관련한 수정분개를 누락하였다면, 20x1년 재무제표에 미치는 영향은? (단, 보험료 인식은 월할 계산한다)

[17' 지방직 공무원 9급]

① 자산 ₩400 과소계상, 당기순이익 ₩400 과소계상
② 자산 ₩400 과대계상, 당기순이익 ₩400 과대계상
③ 자산 ₩800 과소계상, 당기순이익 ₩800 과소계상
④ 자산 ₩800 과대계상, 당기순이익 ₩800 과대계상

07 ① ・ⓐ 미지급이자(미지급비용) 인식 = 비용의 증가 = 당기순이익에 (−) 효과

(차) 이자비용(비용의 증가) 12,000 (대) 미지급비용(부채의 증가) 12,000

・ⓑ 미수이자(미수수익) 인식 = 수익의 증가 = 당기순이익에 (+) 효과

(차) 미수수익(자산의 증가) 15,000 (대) 이자수익(수익의 증가) 15,000

・ⓒ 선수임대료(선수수익) 인식 = 수익의 감소 = 당기순이익에 (−) 효과

(차) 임대료(수익의 감소) 22,000 (대) 선수수익(부채의 증가) 22,000

・ⓓ 선급보험료(선급비용) 인식 = 비용의 감소 = 당기순이익에 (+) 효과

(차) 선급비용(자산의 증가) 8,000 (대) 보험료(비용의 감소) 8,000

・수정 후 당기순이익 = 수정 전 당기순이익 + ⓐ + ⓑ + ⓒ + ⓓ

= 545,000 − 12,000 + 15,000 − 22,000 + 8,000

= 534,000원

08 ③ ・기중 입금 시 (전액 수익으로 처리)

20x1. 3. 1. (차) 현금 360,000 (대) 임대료 360,000

・기말 결산 시

20x1. 12. 31. (차) 임대료(수익의 감소) 60,000[2] (대) 선수수익(부채의 증가) 60,000[1]

[1] 360,000원 × (2개월/12개월) = 60,000원

[2] 임대료 수령액 중 최종 재무제표에 당기 수익(임대료 계정)으로 표시되는 금액 = 300,000원

・기말수정분개(20x1. 12. 31.)를 하지 않았을 경우, 재무제표에 미치는 영향

: 수익 60,000원 과대, 부채 60,000원 과소 → 당기순이익 60,000원 과대 → 자본 60,000원 과대

09 ② ・(사례)

・보험기간 : 올해 4월 1일 ~ 내년 3월 31일 (총 12개월)

・1년분 보험료 1,200,000원 (월할 계산)

・기중(올해 4월 1일)에 보험료를 현금으로 납부하면서 전액 비용으로 처리

・기중 지급 시 (전액 비용으로 처리)

20x1. 4. 1. (차) 보험료 1,200,000 (대) 현금 1,200,000

・기말 결산 시

20x1. 12. 31. (차) 선급비용(자산의 증가) 300,000[1] (대) 보험료(비용의 감소) 300,000

[1] ・1,200,000원 × (3개월/12개월) = 300,000원

・보험료 지급액 중 최종 재무제표에 당기 비용(보험료 계정)으로 표시되는 금액 = 900,000원

・기말수정분개(20x1. 12. 31.)를 하지 않았을 경우, 재무제표에 미치는 영향

: 자산 300,000원 과소, 비용 300,000원 과대 → 당기순이익 300,000원 과소 → 자본 300,000원 과소

10 ② ・기중 지급 시 (전액 자산으로 처리)

20x1. 9. 1. (차) 선급비용 1,200 (대) 현금 등 1,200

・기말 결산 시

20x1. 12. 31. (차) 보험료(비용의 증가) 400[1] (대) 선급비용(자산의 감소) 400

[1] ・1,200원 × (4개월/12개월) = 400원

・보험료 지급액 중 최종 재무제표에 당기 비용(보험료 계정)으로 표시되는 금액 = 400원

・기말수정분개(20x1. 12. 31.)를 하지 않았을 경우, 재무제표에 미치는 영향

: 비용 400원 과소, 자산 400원 과대 → 당기순이익 400원 과대 → 자본 400원 과대

11 20x1년 초에 설립한 ㈜한국의 20x1년 말 수정전시산표상 소모품 계정은 ₩50,000이었다. 기말 실사 결과 미사용 소모품이 ₩20,000일 때, 소모품에 대한 수정분개의 영향으로 옳은 것은?

[20' 주택관리사]

① 비용이 ₩30,000 증가한다.   ② 자본이 ₩30,000 증가한다.

③ 이익이 ₩20,000 감소한다.   ④ 자산이 ₩30,000 증가한다.

⑤ 부채가 ₩20,000 감소한다.

12 다음의 자료를 이용하여 행한 기말수정분개로 옳지 않은 것은?

[16' 국가직 공무원 9급]

수정전시산표 항목		기말수정분개 사항	
• 상품 • 매입	₩100,000 ₩600,000	• 기말상품재고액	₩300,000
• 소모품 • 소모품비	₩200,000 ₩0	• 소모품 기말재고액	₩50,000
• 임차료 • 선급비용	₩100,000 ₩0	• 기말 미경과 임차료	₩40,000
• 감가상각비 • 감가상각누계액-건물	₩0 ₩100,000	• 당기 건물 감가상각비	₩100,000

① (차) 상품   200,000   (대) 매입   600,000

      매출원가   400,000

② (차) 소모품비   150,000   (대) 소모품   150,000

③ (차) 임차료   40,000   (대) 선급비용   40,000

④ (차) 감가상각비   100,000   (대) 감가상각누계액-건물   100,000

11 ①
- 기중 구입 시 (전액 자산으로 처리)

  (차) 소모품   50,000   (대) 현금 등   50,000
- 기말 결산 시

  (차) 소모품비(비용의 증가)   30,000[1]   (대) 소모품(자산의 감소)   30,000

  > [1] · 당기 사용액 = 소모품 구입액 − 미사용액 = 50,000 − 20,000 = 30,000원
  >
  > · 소모품 구입액 중 최종 재무제표에 당기 비용(소모품비 계정)으로 표시되는 금액 = 30,000원

- 기말수정분개를 함에 따라, 기말수정분개가 재무제표에 미치는 영향

  : 비용 30,000원 증가, 자산 30,000원 감소 → 당기순이익 30,000원 감소 → 자본 30,000원 감소

12 ③
- 매출원가 분석

  · 실무에서는 사용되지 않으나 이론적으로는 3분법이라는 방법이 있을 수 있다.

  · 3분법이란 상품에 대하여 기초·기말 재고만 '상품' 계정으로 회계처리하고 기중 매입분은 '매입' 계정으로 회계처리하는 방법을 말한다.

  · 문제의 자료에서 수정전시산표 또는 기말수정분개와 관련하여 '매입'이라는 계정과목이 혹시 있을 때에는 '매입' 계정을 '상품' 계정으로 변환하여 2분법의 결과와 동일하게 만든 다음, 해당 문제에서 요구하는 답을 구하면 된다.

  · (2분법) 수정전시산표 : 상품 계정 차변 잔액 700,000원

  · (2분법) 기말수정분개 : (차) 매출원가   400,000[1]   (대) 상품   400,000

  > [1] 기초재고 + 당기매입 − 기말재고
  > = 100,000 + 600,000 − 300,000 = 400,000원

  · (3분법) 수정전시산표 : 상품 계정 차변 잔액 100,000원, 매입 계정 차변 잔액 600,000원

  · (3분법) 기말수정분개 : (차) 매출원가   100,000   (대) 상품(기초)   100,000

                          (차) 매출원가   600,000   (대) 매입   600,000

                          (차) 상품(기말)   300,000   (대) 매출원가   300,000

- 소모품 분석

  · 기중 회계처리 (전액 자산으로 처리)

  (차) 소모품   200,000   (대) 현금 등   200,000

  · 기말수정분개

  (차) 소모품비   150,000   (대) 소모품   150,000

  · 손익계산서상 소모품비 = 소모품 구입액 중 당기 사용분 = 150,000원

- 임차료 분석

  · 기중 회계처리 (전액 비용으로 처리)

  (차) 임차료   100,000   (대) 현금 등   100,000

  · 기말수정분개

  (차) 선급비용   40,000   (대) 임차료   40,000

  · 손익계산서상 임차료 = 임차료 지급액 중 당기 해당분 = 100,000 − 40,000 = 60,000원

13 다음은 ㈜한국의 20×1년 12월 31일 현재 수정후시산표이다.

계정과목	차 변	계정과목	대 변
현 금	₩20,000	매입채무	₩20,000
매출채권	₩10,000	차입금	₩100,000
재고자산	₩5,000	예수금	₩2,000
토 지	₩100,000	감가상각누계액	₩50,000
건 물	₩200,000	자본금	?
매출원가	₩10,000	이익잉여금	₩9,000
감가상각비	₩5,000	매출액	₩20,000
급 여	₩1,000		
합 계	₩351,000	합 계	₩351,000

㈜한국의 20×1년 12월 31일 현재 재무상태표의 이익잉여금과 자본총계는?

[20' 국가직 공무원 9급 수정]

	이익잉여금	자본총계		이익잉여금	자본총계
①	₩13,000	₩163,000	②	₩13,000	₩150,000
③	₩10,000	₩150,000	④	₩10,000	₩163,000

14 다음은 ㈜한국의 임차료와 지급어음의 장부마감 전 각 계정별 원장이다. 장부 마감 시 각 계정별 원장에 기입할 내용으로 옳은 것은? [16' 국가직 공무원 9급]

	임차료			지급어음	
현금	₩50,000	선급비용 ₩40,000			외상매입금 ₩50,000

① 임차료 계정 원장의 차변에 차기이월 ₩10,000으로 마감한다.
② 임차료 계정 원장의 대변에 집합손익 ₩10,000으로 마감한다.
③ 지급어음 계정 원장의 대변에 차기이월 ₩50,000으로 마감한다.
④ 지급어음 계정 원장의 차변에 집합손익 ₩50,000으로 마감한다.

정답 및 해설

13 ①
- 자본금 = 150,000원
- 당기순이익 반영 전 이익잉여금 = 9,000원
- 당기순이익 = 총수익 − 총비용

  = 매출액 − (매출원가 + 감가상각비 + 급여)

  = 20,000 − (10,000 + 5,000 + 1,000)

  = 4,000원
- 기말 재무상태표상 이익잉여금 = 당기순이익 반영 전 이익잉여금 + 당기순이익

  = 9,000 + 4,000

  = 13,000원
- 기말 재무상태표상 자본총계 = 자본금 + 이익잉여금

  = 150,000 + 13,000

  = 163,000원

14 ②
- 임차료 계정은 비용에 해당하므로 잔액이 차변에 남는다. 수익·비용 계정은 차기로 이월되지 않으므로 잔액이 '0' 이 되도록 집합손익 계정으로 대체하여 마감한다.
- (차) 집합손익　　　　　　　　　　　　　　10,000　　　　(대) 임차료　　　　　　　　　　　10,000
- 임차료 계정의 총계정원장

	임차료 (비용)		
현금	50,000	선급비용	40,000
		집합손익	10,000
	50,000		50,000

- 지급어음 계정은 부채에 해당하므로 잔액이 대변에 남는다. 자산·부채·자본 계정은 차기로 이월되어야 하므로 잔 액이 '0'이 되지 않고 계속해서 유지되도록 마감한다.
- 지급어음 계정의 총계정원장

	지급어음 (부채)		
		전기이월	0
차기이월	50,000	외상매입금	50,000
	50,000		50,000

INDEX

ㅎ

해커스
1주 완성
기초회계원리

개정 2판 1쇄 발행 2024년 7월 31일

지은이	이남호
펴낸곳	해커스패스
펴낸이	해커스금융 출판팀

주소	서울특별시 강남구 강남대로 428 해커스금융
고객센터	02-537-5000
교재 관련 문의	publishing@hackers.com
	해커스금융 사이트(fn.Hackers.com) 교재 Q&A 게시판
동영상강의	fn.Hackers.com

ISBN	979-11-7244-231-6 (13320)
Serial Number	02-01-01

금융자격증 1위,
해커스금융 fn.Hackers.com

해커스금융

- 기초회계원리 1주 완성을 위한 본 **교재 무료 동영상강의**(교재 내 수강권 수록)
- 이남호 교수님의 **전산세무회계 인강**(교재 내 할인쿠폰 수록)
- 회계원리를 실제 시험문제로 점검할 수 있는 **실력확인 기출문제 2회분**
- **OX퀴즈 30선 및 나만의 분개연습장**

주간동아 선정 2022 올해의 교육 브랜드 파워 온·오프라인 금융자격증 부문 1위

해커스금융 단기 합격생이 말하는

세무회계자격증 합격의 비밀!

해커스금융과 함께해야
합격이 쉬워집니다!

**취준생 한 달
단기합격**

이*은
전산회계 1급

"한 번에 합격을 가능하게 만든 해커스 강의"

이남호 교수님의 강의는 열정 한 바가지 그 자체다.
어떻게 하면 개념을 쉽게 이해시킬 수 있는지에 대해 노력한 흔적이 많고,
수강생들이 헷갈리는 부분을 다시 한번 설명해 주는 꼼꼼함이 묻어 있다.

**주부 한 달
단기합격**

김*미
전산세무 2급

"전산세무 2급 한 달 만에 합격"

이남호 교수님의 상세한 풀이 및 해설강의가 도움이 되었습니다.
또한 강의 내용이나 교재 관련 궁금증이 생겨 문의하였을 때, 신속한 1:1 문의 답변으로
공부하는데 많은 도움을 받았습니다.
교재는 시험에 자주 빈출되는 핵심만 정리되어 있어 좋았습니다.

**대학생 6주
단기 합격**

허*진
전산세무 1급

"해커스 인강을 듣고 전산세무 1급 합격"

방대한 양의 시험범위를 이남호 교수님께서 중요한 파트를 구별해 설명해 주셔서
시간 절약이 되었습니다. 이론을 먼저 배움으로써 개념을 탄탄히 쌓고, **실무 강의로
이론에서 배운 내용을 곧바로 적용하는 연결된 학습으로 큰 효과를 봤습니다.**
